AF384851

8°R
25020

MÉMOIRE ET HABITUDE

THÈSE COMPLÉMENTAIRE
PRÉSENTÉE POUR LE DOCTORAT
À la Faculté des Lettres de l'Université de Paris

PAR

Charles HENRY

PARIS
LIBRAIRIE SCIENTIFIQUE A. HERMANN ET FILS
6, RUE DE LA SORBONNE, 6

1910

MÉMOIRE ET HABITUDE [34]

R F

8 R
35020

UNIVERSITÉ DE PARIS — FACULTÉ DES LETTRES

MÉMOIRE
ET HABITUDE

THÈSE COMPLÉMENTAIRE

PRÉSENTÉE POUR LE DOCTORAT

à la Faculté des Lettres de l'Université de Paris

PAR

CHARLES HENRY

PARIS

LIBRAIRIE SCIENTIFIQUE A. HERMANN ET FILS

6, RUE DE LA SORBONNE, 6

1910

MÉMOIRE ET HABITUDE

PREMIÈRE PARTIE

LE CALCUL

I

LES GÉNÉRALITÉS

1. Définitions. — On s'est proposé dans ce travail de préciser mathématiquement les lois d'établissement et de décroissance de la mémoire et de l'habitude.

Il importe de bien distinguer ces deux propriétés biologiques. Lorsque j'apprends une série de syllabes ou de lettres, lorsque je cherche à reproduire une longueur antérieurement considérée, lorsque je m'efforce de rattraper deux boules lancées en l'air successivement, je ne réussis aucun de ces actes à la première répétition ; j'en ai une représentation incomplète qui se complétera avec le nombre des répétitions. C'est de la mémoire. Lorsque je dresse mon chien à ne happer un morceau de sucre, déposé sur son museau, que sur un signal, le pourcentage des succès, lors des premières séries d'exercices, sera nul, pour grandir lentement avec le nombre des séries et finalement atteindre l'unité ; mon chien n'arrive que lentement, grâce à des associations complexes d'états de conscience, à avoir une représentation complète des actes que je lui impose. C'est encore de la mémoire.

Si, au contraire, je veux transcrire une phrase à la machine à écrire, démonter un pneumatique d'automobile, lancer ou percevoir un signal que je connais au télégraphe MORSE, je trouverai plus ou moins vite sur le clavier les lettres à frapper, j'exécuterai plus ou moins facilement, si l'état de mes forces le permet, le démontage du pneu, je recueillerai ou lancerai le signal plus ou moins rapidement ; mais j'exécuterai ces diverses opérations, car j'en ai dès le début une représentation complète, et j'aboutirai de plus en plus vite en recommençant les opérations. C'est de l'habitude. Les exodes de labyrinthes, les ouvertures de boîtes pratiquées par des animaux d'espèces très différentes, après des pourcentages de moins en moins élevés d'insuccès, sont des acquisitions d'habitudes, car ces animaux peuvent sortir du labyrinthe, ouvrir la boîte, au moins par hasard, dès le début de leur apprentissage.

En somme, la mémoire est caractérisée par l'évolution de représentations vers un état de plus en plus complet, et l'habitude, par l'évolution de la durée d'une représentation complète vers des durées d'établissement de plus en plus petites, tendant asymptotiquement vers une limite. Dans le premier cas, l'excitant visuel, auditif, moteur i est, à chaque répétition t, constant ; mais, en raison de la persistance des représentations antérieures, la représentation $\mathcal{R}$ devient chaque fois plus complète et énergétiquement plus intense ; le rendement dans l'unité de temps $\dfrac{\mathcal{R}}{it}$ grandit. D'autre part, une habitude qui se contracte est aussi, évidemment, en raison des économies de temps, une évolution d'opérations vers des rendements de plus en plus élevés dans l'unité de temps : d'où la grande importance en biologie et en philosophie naturelle de la mémoire et de l'habitude, et l'intérêt de leur étude.

L'hérédité est une sorte de mémoire, et l'ontogénèse, c'est-à-dire le développement de l'individu, est considérée comme un souvenir de la phylogénèse, c'est-à-dire du développement de l'espèce. Ces mémoires sont *trophiques* : nous avons vu (¹) que

____
(¹) *Sensation et Énergie*, § 25.

l'irritabilité trophique est soumise, en somme, à une évolution de même forme que les irritabilités sensitive et motrice, l'échelle des temps et les autres paramètres étant seulement changés.

Dans le cas de la mémoire, les manifestations énergétiques tendent vers une limite supérieure, et, dans le cas de l'habitude, les temps des réactions tendent vers une limite inférieure, au moins dans la période d'établissement, la seule considérée ici; quelquefois, dans des temps relativement courts de durée comparable, le sujet tend vers des réactions nulles. A cette insensibilité finale que l'on a constatée sur la sensitive et sur un grand nombre d'animaux après des excitations répétées, il conviendrait de réserver le nom d'*adaptation*; nous verrons qu'elle n'est pas de la *fatigue*.

La *mémoire*, l'*habitude* et l'*adaptation* constituent trois propriétés biologiques irréductibles l'une à l'autre, qui sont toutes fonction de la sensation et de la sensibilité conscientes ou inconscientes *par rapport au temps*; ces termes sont rigoureusement définis, dans le cas de la conscience, par la psychophysique, dans le cas de l'inconscience et dans le cas général, par l'énergétique psycho-biologique, de sorte qu'il n'y a pas lieu d'insister sur des contradictions verbales qu'une terminologie comme celle d'*irritation* et d'*irritabilité* ferait avantageusement disparaître (1). Il serait d'autant plus légitime d'adopter ces termes généraux que, fonction de la sensation, ces propriétés biologiques sont également fonction par là même de l'énergie motrice, la sensation et l'énergie motrice étant en général connexes, et que les relations de la sensation, considérée dans sa généralité, et de l'énergie motrice avec l'excitant et avec le temps de l'excitation affectent la même forme mathématique (2).

Ces trois propriétés, dont il serait intéressant de préciser mathématiquement les embryons dans le monde inorganique,

---

(1) On a vu (*Sensation et Énergie*, I, §§ 9, 29) que la conscience est caractérisée par un point d'inflexion des courbes S = φ(i), S étant les numéros d'ordre de sensation, i l'excitant.

(2) *Sensation et Énergie*, § 23.

spécialement dans les réactions chimiques complexes de la plaque photographique, sont générales dans le domaine de la vie.

Henri PIÉRON résume ainsi une étude sur la mémoire dans les rythmes biologiques :

« Les rythmes intrinsèques, où se note l'alternance fondamentale de l'activité fonctionnelle et du repos qui répare, ont en réalité une part relativement faible, eu égard à la quantité de phénomènes périodiques qu'on peut mettre en évidence ; et dans ces phénomènes, l'intervention d'une persistance héréditaire, malgré SEMON, est loin d'être la règle ; elle est même la plupart du temps douteuse, tandis que les faits d'acquisition individuelle, les exemples de mémoire, sont nets, extrêmement nombreux, avec une identité profonde et remarquable du haut en bas de l'échelle des êtres. Enfin, parmi les caractères généraux qui se manifestent dans ces phénomènes de mémoire rythmique, on doit noter que l'acquisition est rapide, le nombre des répétitions nécessaires pour engendrer un nouveau rythme étant toujours très limité ; et d'autre part l'acquisition atteint très rapidement une valeur maxima qui ne peut guère être dépassée. En effet, la durée de persistance d'un rythme, toujours assez courte, est à peu près la même quand la périodicité inductrice s'est prolongée pendant de longues périodes, et quand elle a été limitée à un petit nombre de répétitions. On a pu le voir en particulier dans les expériences de PFEFFER, où des rythmes de 6 en 6 heures des feuilles d'acacia, après des alternances d'obscurité et de lumière de quelques jours, étaient aussi tenaces que les rythmes de 12 en 12 heures engendrés par une alternance cosmique incessante et que, dans ses vues théoriques, SEMON croyait devoir indéfiniment persister.

« Cette limitation très rapide du pouvoir d'acquisition des rythmes-souvenirs est tout à fait caractéristique, et leur amortissement progressif tout à fait net. Dans les formes plus élevées de la mémoire, l'action répétée d'un même phénomène engendre au contraire des souvenirs de plus en plus profonds, bien que les progrès nouveaux soient de plus en plus difficiles à obtenir.

« Mais entre la forme élémentaire du rythme et la forme supérieure de l'image, bien des intermédiaires trouvent place, qui relient de façon continue ces termes extrêmes (¹). »

On retrouverait respectivement la trace de la mémoire, de l'habitude, de l'adaptation, en Sociologie, dans les faits d'institutions, d'usages, de mœurs, etc.; il serait d'un profond intérêt de comparer des courbes statistiques d'évolution de divers phénomènes sociaux de ces genres avec les courbes biologiques analogues; ce serait un moyen de déterminer la nature des perturbations apportées aux réactions individuelles par l'état dit social; ce serait amorcer de l'Énergétique sociologique (²) et préciser ce que WAXWEILER appelle l'accommodation sociale.

Dans tout ce qui va suivre nous porterons en ordonnées, soit des fractions du test reproduites, soit des temps d'exécution, et en abscisses, des numéros d'ordre des répétitions et nous tracerons les courbes de sentiment indiquées par les points expérimentalement obtenus. La continuité, bien entendu, ici, n'est qu'apparente; c'est un artifice mathématique. Une fraction de répétition n'a évidemment aucun sens, puisque les abscisses ne peuvent procéder que par progression arithmétique naturelle et les ordonnées correspondantes à ces abscisses intermédiaires n'en ont pas davantage. Chaque point observé est le sommet d'une courbe d'établissement lors de la répétition x.

Nous chercherons d'abord à déterminer théoriquement la nature des fonctions, que nous vérifierons ensuite par interpolation sur les courbes empiriques : c'est la méthode classique en physique.

(¹) *L'Évolution de la mémoire*, Paris, Flammarion, 1910, p. 94. On trouvera dans ce livre un résumé complet de l'état actuel de la question avec indications bibliographiques précises.
(²) Ernest SOLVAY. *Note sur des formules d'introduction à l'Énergétique physio-psycho-sociologique*. Bruxelles, 1902.

II

LA MÉMOIRE

2. La forme des courbes d'établissement. — On discute sur la nature de la fonction qui relie le progrès de la mémoire au nombre des répétitions du phénomène qu'il s'agit de reproduire intégralement.

SCHUKAREW [1], calculant des expériences de REUTHER sur la mémoire des syllabes, pense que cette loi se confond avec celle d'une réaction chimique mono-moléculaire ordinaire, c'est-à-dire que l'on aurait pour la vitesse de transformation dx à chaque instant dt

$$(1) \qquad \frac{dx}{dt} = K(A - x),$$

x étant la quantité de matière transformée et $A - x$ la quantité de matière à transformer; d'où, en intégrant,

$$(2) \qquad \log_n \left(\frac{A}{A - x} \right) = Kt,$$

A et K étant des constantes. La courbe ne présente pas de point d'inflexion, autrement dit, pas de point à partir duquel la courbure change de sens par rapport à l'un des axes.

Sur le mécanisme de la mémoire et des phénomènes connexes, on doit à W. OSTWALD l'hypothèse féconde qu'ils seraient dus à la formation d'un accélérateur catalytique et à son accroissement lors de chaque répétition. BRAILSFORD ROBERTSON, conformément à cette vue [2], cherche à montrer que la loi d'établissement de la mémoire est la même que celle d'une réaction mono-moléculaire auto-catalytique, c'est-à-dire que l'on aurait pour la vitesse de transformation dx à chaque instant dt :

$$(1)' \qquad \frac{dx}{dt} = Kx(A - x),$$

[1] *Annalen der Naturphilosophie*, 1907, VI, p. 130.
[2] *Archives internationales de Physiologie*, 25 juillet 1908.

x étant toujours la quantité de matière déjà transformée et $A - x$ la quantité de matière qui se transforme ; d'où, en intégrant,

$$(2)\qquad \log_n\left(\frac{x}{A-x}\right) = K(t-t_0),$$

A et K étant des constantes et t_0 étant le temps au bout duquel $x = \frac{A}{2}$. La courbe présente un point d'inflexion. Cet auteur objecte à Schükarew des expériences de Bryan et Harter sur la rapidité avec laquelle les télégraphistes apprennent à transmettre et à recevoir des messages [1] et de Swift sur les progrès de l'habileté, de divers sujets, à lancer en l'air deux balles sans les laisser tomber [2] ; les courbes rappellent l'évolution des réactions mono-moléculaires auto-catalytiques, c'est-à-dire présentent un point d'inflexion. De plus, il interpole deux séries d'expériences : l'une est due à Ebbinghaus [3], l'autre à Smith [4]. Il vérifie pour l'une et l'autre des séries, x étant le nombre de syllabes correctement retenues suivant le nombre r de lectures, K et b étant des constantes, l'équation :

$$\log x = Kr + b,$$

qui est une transformation de l'équation (2) simplifiée.

En effet, la prononciation répétée d'une série de syllabes est une excitation constante qui doit maintenir constante la masse du produit transformable (A) : la vitesse de réaction directe peut être considérée comme proportionnelle à cette grandeur et à la trace de mémoire x, c'est-à-dire Ax ; la vitesse de la réaction inverse est proportionnelle à x^2, c'est-à-dire à la somme des traces de mémoire multipliées par leurs accroissements, pourvu que la réaction soit mono-moléculaire dans les deux sens. La vitesse de transformation totale est la différence de ces deux vitesses

$$\frac{dx}{dt} = KxA - K'x^2 = K'x\left(\frac{K}{K'}A - x\right) = K'x(aA - x);$$

[1] *Psychological Review*, 1897, IV, p. 27 ; 1899, VI, p. 25.
[2] *American Journal of Psychology*, 1903, XIV, p. 201. Cf. Piéron, p. 219.
[3] *Über das Gedächtniss*, Leipzig, 1885, pages 63, 65, etc.
[4] *Psychological Review*, 1896, III, p. 21.

d'où, en intégrant :

$$(3) \qquad \log_n\left(\frac{x}{2A - x}\right) = K\,(t - t_1)$$

et, négligeant x devant $2A$, comme cela est permis pour les petites valeurs de x,

$$\log x = Kt + \log 2A - Kt_1 ;$$

ce qui peut s'écrire

$$\log x = Kt + b.$$

Avec ces r (ou les t) en abscisses et ces x en ordonnées, on a bien une courbe dont la concavité est tournée vers l'axe des ordonnées ; comme la mémoire ne grandit pas indéfiniment, mais atteint une valeur finie, il faut bien que la courbe tourne pour des valeurs plus grandes de r sa concavité vers l'axe des abscisses : il faut qu'il y ait un point d'inflexion.

Nous avons pu, grâce à la collaboration de M. HERMANT, de l'École communale d'Asnières, poursuivre des expériences sur l'établissement de la mémoire visuelle chez des enfants de huit à dix ans.

On présentait à chacun des sujets un trait de 108ᵐᵐ qu'il devait reproduire ensuite : il commettait une erreur y, mesure de sa représentation incomplète ; après chaque expérience on lui montrait son erreur ; il pouvait donc à chaque répétition x compléter sa représentation et fortifier sa mémoire. Un intervalle d'un jour séparait chaque expérience. On arrêtait la série quand les moyennes des dernières expériences tendaient vers une valeur constante.

Le tableau I (2ᵉ partie, I) résume les données brutes de l'expérimentation.

La mémoire progressant en sens inverse de l'erreur absolue y, nous obtenons des mesures du progrès de la mémoire y_1, en posant

$$y_1 = 1 - y.$$

De là le tableau II. Comme ces nombres sont négatifs, pour que les courbes passent à l'origine, on doit faire un transfert d'ordonnées (tableau III); si on fait passer par les nouveaux points (x, y_2) des courbes de sentiment *(fig. 1-6)*, on constate que

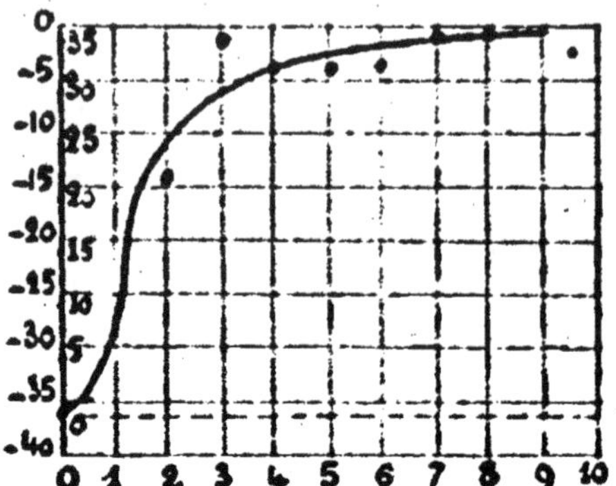

Fig. 1. — Établissement de la mémoire.
Courbe de Duch.

ces courbes présentent, chacune, un point d'inflexion, suivant les conclusions de BRAILSFORD ROBERTSON.

L'auteur justifie d'ailleurs son rapprochement entre la loi

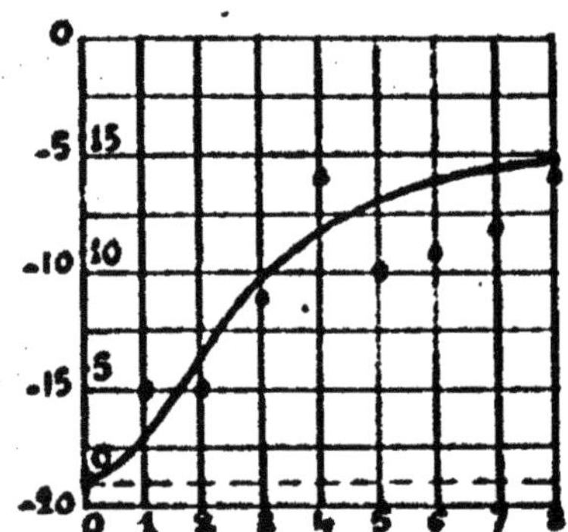

Fig. 2. — Établissement de la mémoire.
Courbe de Le D.

d'établissement de la mémoire et celle d'une oxydation auto-catalytique par des recherches expérimentales.

1° Il montre par la méthode des colorations histologiques que l'excitation prolongée du système nerveux central (cerveaux de grenouilles) augmente l'acidité : ceci est d'accord avec ce que l'on sait sur la production d'acide sarcolactique et d'acide carbonique dans le muscle fatigué.

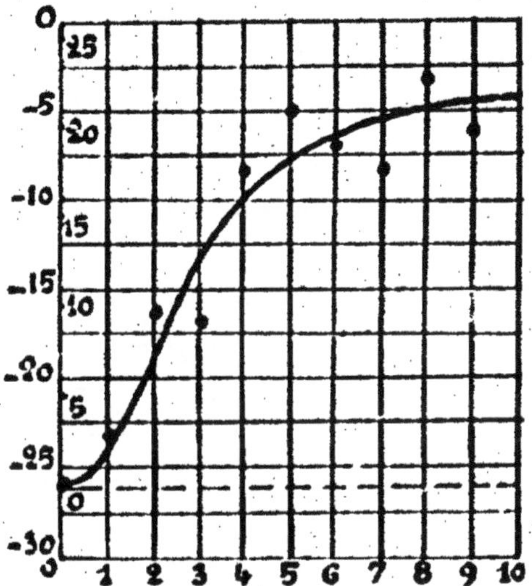

Fig. 3. — Établissement de la mémoire.
Courbe de Ha.

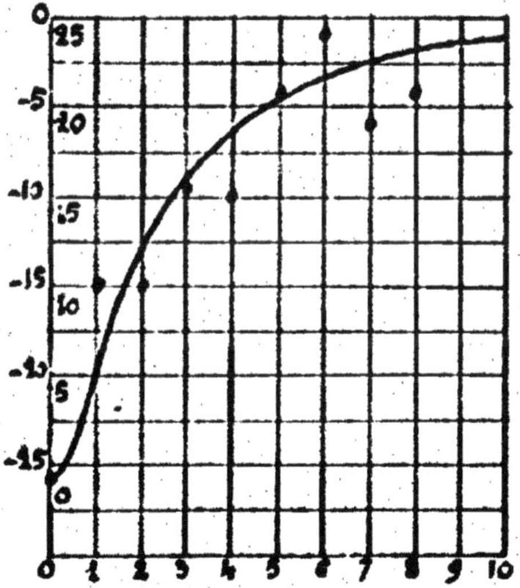

Fig. 4. — Établissement de la mémoire.
Courbe de Ha.

2° Il étudie l'influence de la température sur la rapidité des processus des cellules nerveuses. Il rappelle (remarque due à ARRHENIUS et à VAN'T HOFF) que *la vitesse des réactions chimiques augmente bien plus vite (10 °/₀ environ) par une élévation de température que la vitesse d'un phénomène physique, comme la diffusion, dont l'accroissement n'est que de 2° °/₀*. Il

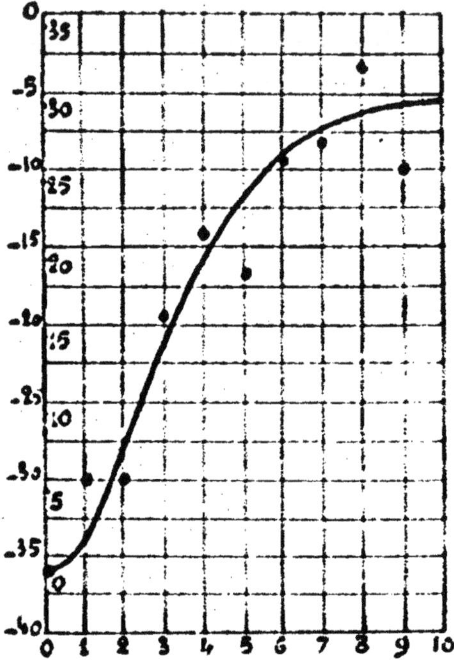

Fig. 5. — Établissement de la mémoire.
Courbe de Lag.

expose le centre respiratoire bulbaire de grenouilles à des températures variables et note les changements qui en résultent dans la fréquence des mouvements respiratoires. De ces expériences il semble résulter, pour l'influence du facteur *température*, une grandeur qui implique dans la cellule nerveuse de la moelle allongée l'existence de réactions chimiques acides, les cellules nerveuses se comportant d'ailleurs tout différemment que les nerfs.

3° L'auteur dépose sur la moelle allongée de grenouilles des gouttes de diverses solutions et note les effets produits sur le rythme respiratoire : il constate que les acides accélèrent ce rythme et que les alcalis et les réducteurs l'arrêtent. Comme la

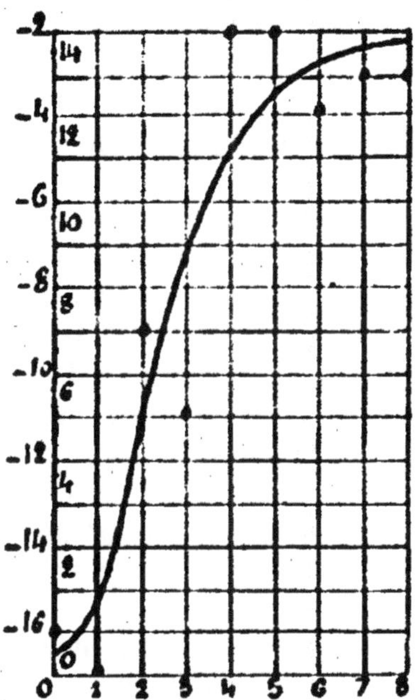

Fig. 6. -- Établissement de la mémoire.
Courbe de Lév.

réaction des cellules nerveuses excitées est acide, on peut conclure que l'activité d'une cellule nerveuse est une oxydation auto-catalytique, un des produits de la réaction agissant comme catalyseur.

Ces conclusions si intéressantes, malgré la part d'hypothèse qu'elles impliquent, ont le défaut de conduire à une équation, l'équation (3), dans laquelle il n'est pas possible d'extraire d'une constante globale A et z ; il est donc préférable de ne pas adopter pour équation interpolatrice l'équation (3) et de demander à la psycho-physique une relation ayant également, si possible, une valeur théorique, mais plus directement interprétable en éléments concrets. Les points de vue chimiques sont d'ailleurs trop imprécis dans l'état actuel de la science et trop éloignés de nos problèmes, pour que l'on puisse utilement s'y arrêter.

3. Interpolation par une équation psycho-physique.

— Le souvenir n'est qu'une sensation affaiblie et réduite à ses éléments remarquables ou caractéristiques pour le sujet. La justification la plus décisive de cette assimilation est la célèbre expérience de WUNDT observant sur une surface blanche la couleur complémentaire d'une couleur évoquée mnémoniquement. Il doit donc exister une analogie profonde entre l'établissement d'un souvenir et l'établissement d'une sensation (¹).

On sait que l'établissement d'une sensation complète simple au bout d'un temps donné exige la mise en branle d'un grand nombre de neurones spécialisés ; si la sensation est incomplète à un temps $t_1 < t$, c'est qu'un nombre insuffisant de neurones est actionné par l'onde nerveuse, dont l'énergie subit sur son trajet des pertes plus ou moins considérables : en général, l'énergie de la sensation est proportionnelle au nombre de molécules transformées dans les neurones spécialisés qui sont excités.

Apparemment, il y a une différence entre l'établissement d'un souvenir et l'établissement d'une sensation : dans le premier cas, l'excitant n'agit que discontinûment, à chaque répétition ; dans le cas de la sensation, il agit tout le temps. Mais la différence s'évanouit, si l'on observe que l'établissement d'un souvenir suppose des répétitions pas trop éloignées dans le temps ; autrement, il n'y aurait plus de persistance des excitations antérieures. Si les répétitions sont trop rapprochées, il y aurait de la fatigue, donc un amoindrissement de l'énergie de la sensation. Bref, l'établissement d'un souvenir suppose des conditions de

---

(¹) MM. André Broca et D. Sulzer ont observé que le temps pendant lequel doit agir la lumière nécessaire pour produire la distinction simple des traits est environ vingt fois plus court que celui qui est employé à reconnaître le V (*Comptes rendus*, 15 juin 1903) : il faut vingt fois moins d'action pour déclencher une sensation que pour déterminer un souvenir : mais ce sont des phénomènes de même nature.

persistance en tous points identiques à celles qui sont réalisées
à chaque instant dans l'établissement d'une sensation : et l'on
est conduit à conclure que l'établissement du souvenir ne doit
pas différer de la loi d'établissement dans le temps des sensations moyennes. Cette loi, nous la connaissons pour les sensations lumineuses. Si on appelle S_t le n° d'ordre de sensation
incomplet, au temps t, S_0 le n° d'ordre de sensation complet,
l'expérience prouve que l'on a

$$S_t = S_0 (1 - e^{-kt})^2,$$

k étant le coefficient de rapidité avec laquelle la sensation s'éta-
blit ([1]). Cette loi est la même que celle de l'établissement de
l'énergie du courant, de la *variation négative*, dans le nerf : elle

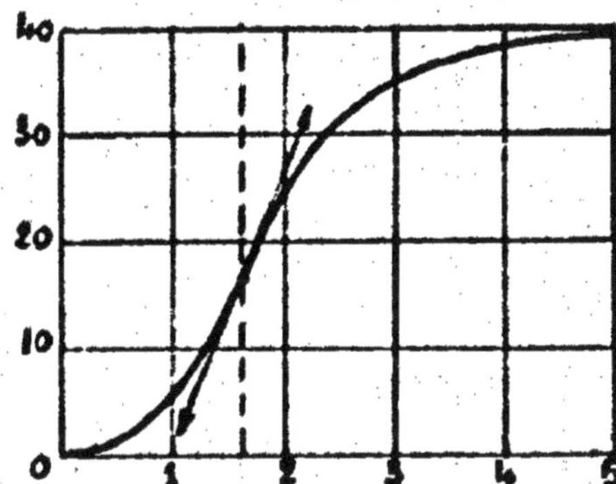

Fig. 7. — Courbe d'établissement
de la sensation lumineuse moyenne.

a donc une valeur théorique ; elle n'est d'ailleurs qu'un cas
particulier d'une équation susceptible d'interprétation physico-
chimique ([2]).

Considérons (*fig. 7*) l'équation

$$(1) \qquad\qquad y = Y(1 - e^{-kt})^2.$$

[1] *Comptes rendus*, 19 octobre 1896. *Psycho-physique et Énergétique* (Institut général psychologiq ue, 1909, Bulletin n° 1). Voir *Sensation et Énergie*,
§ 6, pour la relation générale, l'énergie de la sensation étant quelconque.
[2] *Sensation et Énergie*, § 26.

La dérivée (*fig. 8*)

$$(5) \qquad y' = 2\beta Y(1 - e^{-\beta x}) e^{-\beta x}$$

s'annule pour $e^{-\beta x} = 0$, c'est-à-dire $x = \infty$ et $e^{-\beta x} = 1$, c'est-à-dire $x = 0$. La courbe primitive (4) a donc deux tangentes hori-

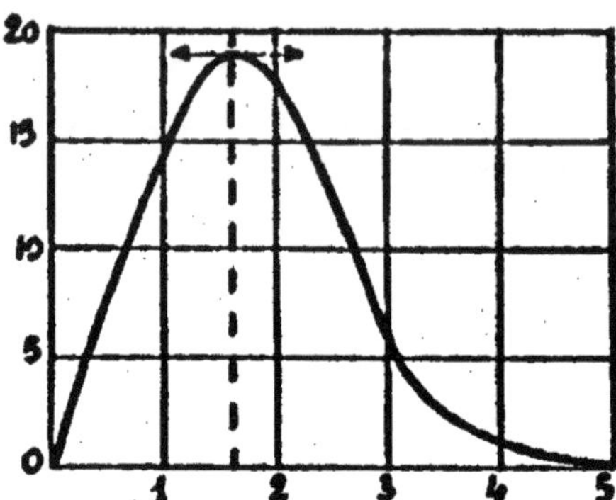

Fig. 8. — Dérivée première
de la précédente.

zontales, l'une à l'origine, l'autre à l'infini : et la fonction, étant continûment croissante avec x, présente un point d'inflexion.

La dérivée seconde (*fig. 9*)

$$(6) \qquad y'' = 2\beta^2 Y e^{-\beta x} (2e^{-\beta x} - 1)$$

s'annule pour $e^{-\beta x} = 0$, c'est-à-dire $x = \infty$ et $2e^{-\beta x} - 1 = 0$ ou $x = \dfrac{1}{\beta} \log_e 2$: c'est l'abscisse, dans la courbe primitive, du point

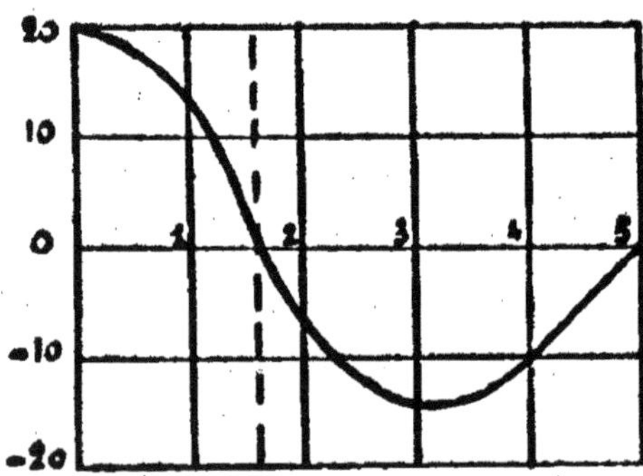

Fig. 9. — Dérivée seconde
de la courbe (*fig. 7*).

d'inflexion qui nous intéresse et l'abscisse du maximum dans la courbe dérivée (5).

La dérivée première $\frac{dS}{dt}$ a un sens précis ; elle mesure ce que l'on peut appeler improprement une *vitesse d'établissement*, l'évolution de la *sensation dans le temps* pour un excitant donné et aussi l'énergie d'un courant induit : elle est liée par une relation simple à une autre sensibilité, laquelle indique l'évolution de la *sensation par rapport à l'excitant i*, soit $\frac{dS}{di}$, au bout d'un temps donné, qui est la dérivée des courbes psycho-physiques, et que nous n'avons pas à considérer ici.

Nous avons donc cherché à interpoler les courbes d'établissement de la mémoire par des équations de la forme

$$y = Y(1 - e^{-kt})^2.$$

Comme on le voit par le tableau III (2ᵉ partie, I), les résultats sont satisfaisants et l'on peut conclure que les courbes d'établissement de la mémoire ne diffèrent des courbes d'établissement de la sensation moyenne que par une échelle beaucoup plus étendue des temps, proportionnelle aux durées d'établissement de la sensation.

L'histologie du neurone, en nous renseignant sur la plasticité de ces éléments, a conduit H. E. ZIEGLER (¹) à supposer un renforcement et une multiplication des ramifications des neurones du fait de la transmission du courant nerveux : d'où la formation de fibrilles nouvelles qu'il appelle *voies embioniques*, dues à l'évolution individuelle et bien différentes des voies *cléronomes*, dues au développement phylogénique de l'espèce : ce sont les voies *anastomotiques et épaphiques* d'Ernest SOLVAY, sur lesquelles ce penseur avait fondé toute une électro-physiologie cérébrale (²). Complété par l'hypothèse d'OSTWALD, le fait

(1) *Institut Solvay. Physiologie. Travaux du laboratoire*, tome III, 3, 1909.

(2) *Discours sur le rôle de l'électricité dans les phénomènes de la vie animale.* Bruxelles, 1893.

qu'un grand nombre de neurones spécialisés est indispensable à l'établissement d'une sensation complète sufit à l'intelligence des phénomènes de mémoire et d'oubli. Les traces de la mémoire s'établissent et s'évanouissent avec la combinaison chimique et ce sont les traces qui se seront établies avec le moins de sensibilité (la sensibilité $\dfrac{dS}{dt}$ grandit moins vite avec le temps quand le degré de S augmente (¹)) qui s'évanouiront en dernier lieu dans les neurones spécialisés, parce que, localisées dans un plus grand nombre d'éléments, elle représentent des masses chimiques plus considérables.

4. La mesure de l'oubli par la méthode des « écono-mies ». — EBBINGHAUS mesurait l'oubli par la différence entre les temps nécessaires pour rapprendre une série de syllabes complétement oubliées à des époques t et le temps observé lors de l'acquisition primitive; ces différences qu'il appelle *économies* vont décroissant : elles peuvent s'exprimer en pourcentages y. Il interpolait ses expériences par l'équation

$$y = \frac{K}{\log t}$$

que l'on peut écrire

$$\log y = \log K - c \log \log t.$$

M. Henri PIÉRON a appliqué la même méthode à la recherche de la loi d'évanouissement des traces mnémoniques chez les Lymnées, à la suite d'obscurations : il interpole ses nombres par une expression

$$y = \frac{K' (\log t)^{c'}}{t^c}$$

ou $c' < 0$, tandis que $c > 0$. L'évanouissement est plus rapide que dans les expériences d'EBBINGHAUS.

(¹) *Sensation et Énergie*, § 6, fig. 13. Pour les sensations de degré plus élevé, la loi d'établissement prend la forme

$$S = S_0 (1 - e^{-\gamma t}), \text{ avec } \gamma > 2;$$

les dérivées dans ce cas présentent un point d'inflexion dans leur période d'établissement.

Soient, au temps t, n obscurations nécessaires pour que l'animal ne réagisse plus ou bien n lectures pour apprendre des syllabes ; au bout du temps t', il faut un nombre d'excitants $n' < n$; $\dfrac{n - n'}{n}$ est une économie ; au bout du temps $t'' > t'$, il faut n'' excitants $> n'$; l'on a : $\dfrac{n - n''}{n} < \dfrac{n - n'}{n}$; l'économie décroît jusqu'à zéro. Il y a dans cette méthode un « test » intéressant de l'oubli, mais non des mesures rigoureuses, car on réapprend à chaque t ; la persistance inconsciente est augmentée, l'oubli diminué par ces réapprentissages successifs. A un autre point de vue, la méthode implique cette simplification et cette hypothèse arbitraires que la mémoire est mesurée par des nombres d'excitants ou, ce qui revient au même, par un temps. L'équation d'EBBINGHAUS indique une décroissance trop lente de la persistance mnémonique.

5. Interpolation de la loi de l'oubli par une formule psycho-physique.

— Nous avons au contraire une *mesure* de la persistance mnémonique avec l'erreur absolue y que l'on commet en reproduisant le trait qui, dans les précédentes expériences sur la mémoire, a servi de test (108^{mm}), à des temps variables, comptés à partir du moment de la reproduction exacte. Il est vrai que cette méthode ne nous fournit pas une mesure de l'oubli total : mais nous pouvons tracer le début des courbes assez loin pour vérifier les données théoriques.

Voici comment ont été construites les courbes (*fig. 10-14*). La persistance mnémonique est donnée par la relation

$$y_1 = 1 - y,$$

y étant l'erreur absolue. C'est la colonne 3 de nos tableaux IV-VIII (2ᵉ partie, I). Les ordonnées sont négatives et croissent en valeur absolue, ce qui correspond à la croissance continue de l'erreur. Nous les transformons en ordonnées positives et décroissantes, y_1, correspondant à une décroissance continue de la per-

sistance : d'où, deux nouveaux axes, O_2x_2, O_2y_2, axes défini-
tifs de la courbe de persistance mnémonique.

L'établissement de la mémoire étant assimilable à l'établis-

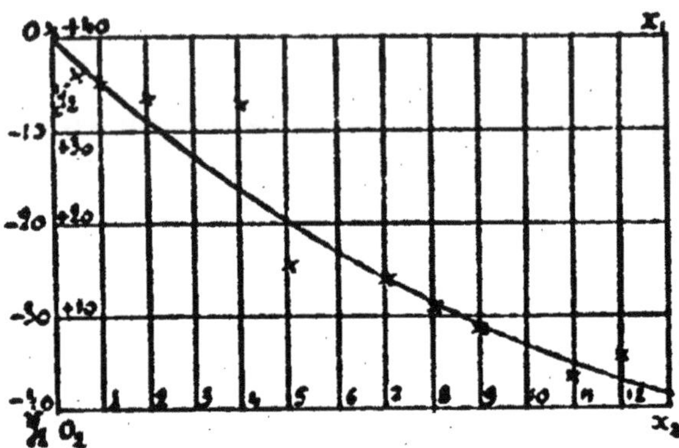

Fig. 10. — Courbe de persistance mnémonique (Sol).

sement de la sensation, il est naturel de penser que la loi de la
persistance mnémonique ne diffère pas de la loi de persistance
de la sensation.

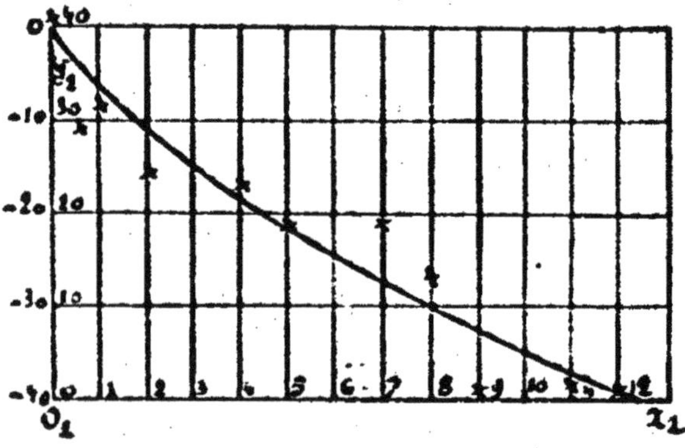

Fig. 11. — Courbe de persistance mnémonique (Lem).

L'expérience indique pour cette loi une expression de la forme

$$(7) \qquad\qquad y = Y e^{-\beta x},$$

y étant l'énergie de la sensation au temps x [1].

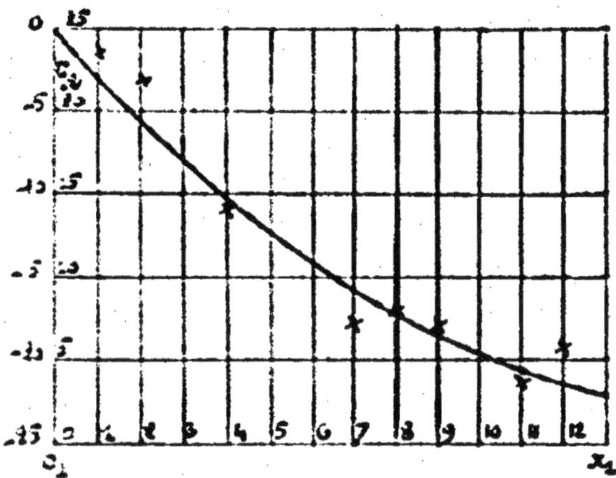

Fig. 12. — Courbe de persistance mnémonique (Log).

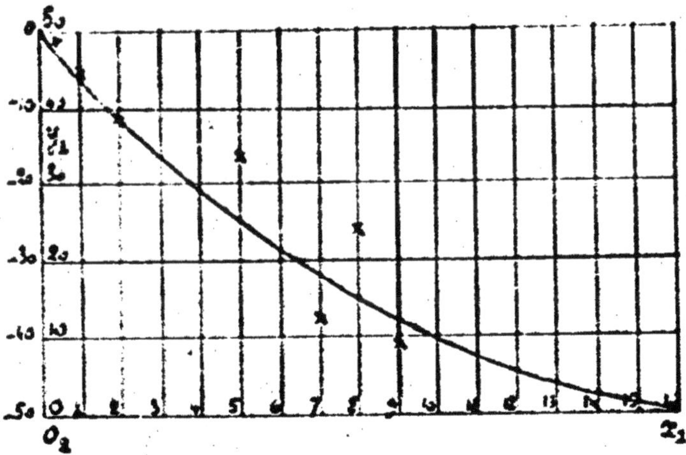

Fig. 13. — Courbe de persistance mnémonique (Pe).

[1] *Psycho-physique et Énergétique (Institut général psychologique, 1909, Bulletin).*

Nous avons donc cherché à interpoler les courbes par cette équation et, comme on peut le vérifier par le tableau ix, les résultats sont satisfaisants.

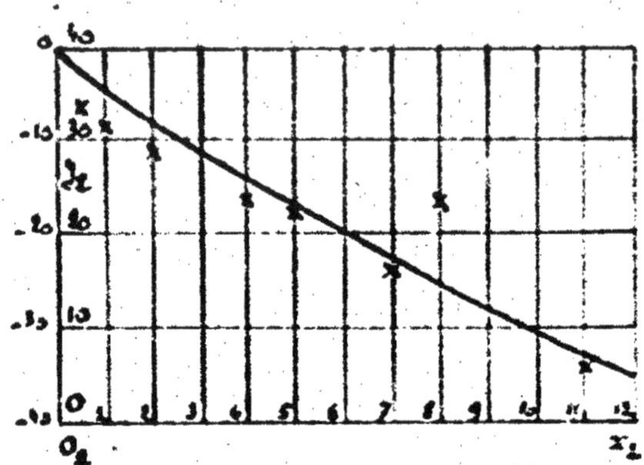

Fig. 14. — Courbe de persistance mnémonique (Ra).

6. Justification théorique.

— Considérons la courbe dérivée de la courbe d'établissement de la sensation et de la mémoire. Les ordonnées représentent $\frac{dS}{dt}$, c'est-à-dire les vitesses d'établissement ou les valeurs du progrès de la sensation par rapport au temps pour un excitant défini.

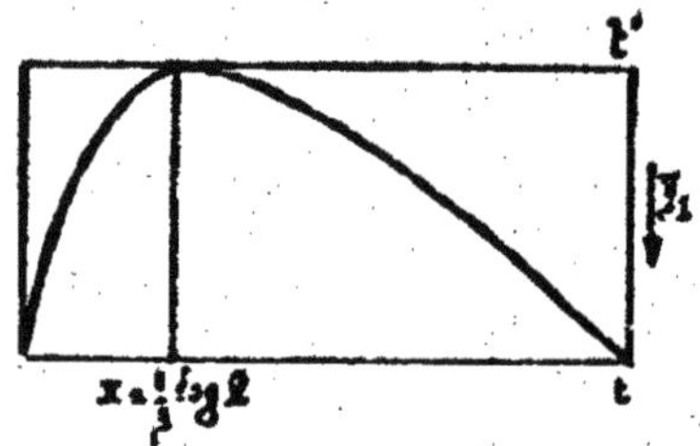

Fig. 15. — Courbe schématique d'évolution de la sensibilité positive en fonction du temps.

En t (fig. 15), la sensibilité est nulle, la persistance maxima. C'est un fait que la persistance d'une impression et la sensibilité à une autre de même espèce sont des quantités complémentaires. En recroissant, la sensibilité repassera nécessairement par les mêmes valeurs qu'elle a parcourues en décroissant, l'échelle des temps étant évidemment changée.

En admettant qu'il y a seulement un changement d'échelle pour les temps, la persistance est mesurée par les ordonnées complémentaires y_1 à partir de H

$$(8) \qquad y_1 = I - 2 N \left(e^{-s(t-r)} - e^{-s(t-r)} \right),$$

les x décroissant de t jusqu'à $x = \frac{1}{s} \log_a 2$, temps correspondant

au maximum de sensibilité.

Il est trop laborieux de calculer les paramètres de cette équation pour songer à l'appliquer à nos courbes empiriques de persistance mnémonique ; mais on peut montrer que nos équations de ces courbes concordent pratiquement avec l'expression (8), dans les limites de l'expérience.

Nous construisons par l'intégraphe ou par tout autre procédé

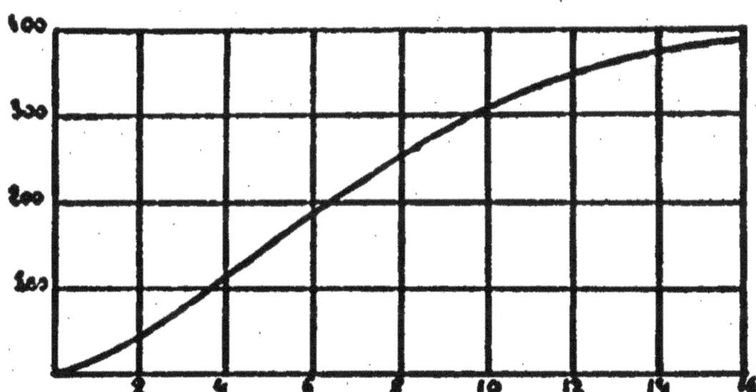

Fig. 16. — Courbe intégrale de l'établissement de la mémoire, déduite de la courbe (fig. 10).

pratique d'intégration les courbes intégrales (fig. 16-20) de la fonction complémentaire de nos courbes de persistance, c'est-à-dire de la fonction qui représente une sensibilité décroissante quand la persistance croît

$$(9) \qquad y = 1 - Ye^{-\lambda X - x},$$

X étant une constante et les x croissant ; nous avons ainsi la

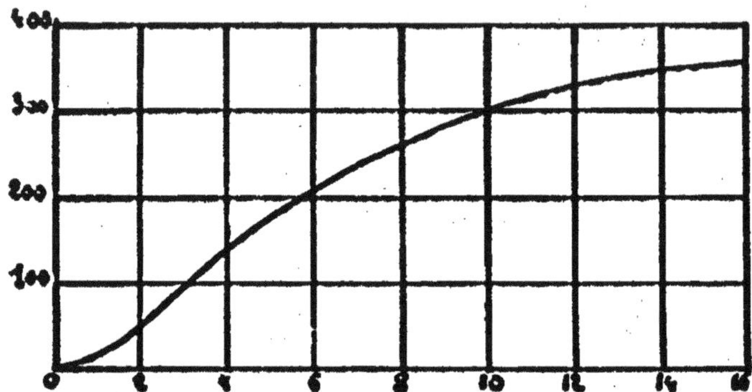

Fig. 17. — Courbe intégrale de l'établissement de la mémoire, déduite de la courbe (fig. 11).

courbe dont les ordonnées aux points $X - x$ sont égales aux aires $\int_{0}^{X-x} y\,dx$.

Considérons, par ex., la figure 10, dont les ordonnées sont y_1 (tableau IV) : nous intégrons $\int_{0}^{x} y_2\,dx$, fonction complémen-

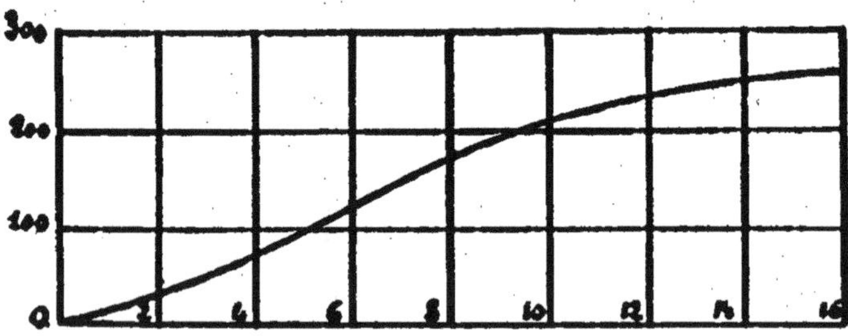

Fig. 18. — Courbe intégrale de l'établissement de la mémoire, déduite de la courbe (fig. 18).

taire de y_1 : nous obtenons ainsi une courbe intégrale
(tableau x (Soh)) représentée par la fig. 16, à partir du point
d'inflexion de cette courbe, c'est-à-dire à partir de $x = 1$. La

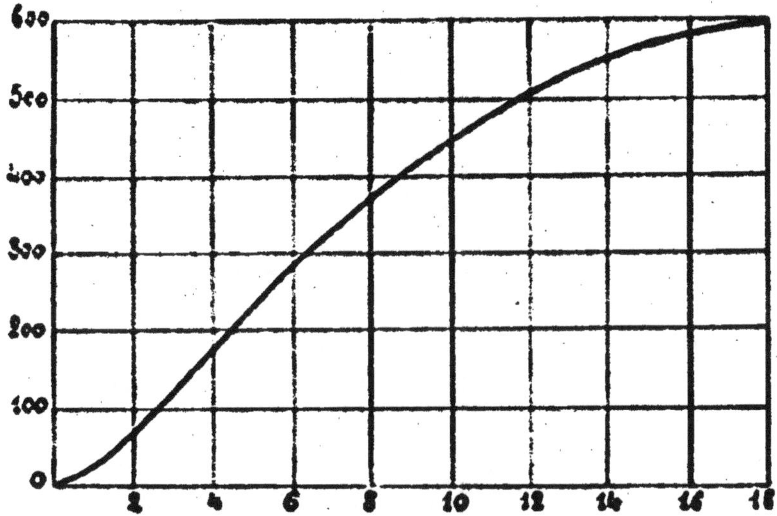

Fig. 19. — Courbe intégrale de l'établissement de la mémoire,
déduite de la courbe (fig. 13).

fig. 16 représente donc, outre la courbe expérimentale, une
extrapolation de cette courbe en deçà du point d'inflexion, les
abscisses et les ordonnées marquées sur la figure étant comp-
tées à partir de la nouvelle origine.

Nous vérifions que la courbe ainsi construite peut s'interpoler
assez exactement par une équation de la forme

$$(10) \qquad y_2 = Y_1 (1 - e^{-kx})^2.$$

Le tableau x présente les coordonnées de la courbe intégrale
de la fonction complémentaire de chacune des courbes de persistance considérées.

Le tableau xi prouve que chacune de ces courbes intégrales
répond à une équation de la forme

$$y_2 = Y_1 (1 - e^{-kx})^2.$$

Nous restituons ainsi, d'après une courbe de persistance mnémonique, une courbe d'établissement de la mémoire.

La loi de décroissance de la persistance mnémonique apparaît comme une image fidèle, mais à une échelle agrandie dans le

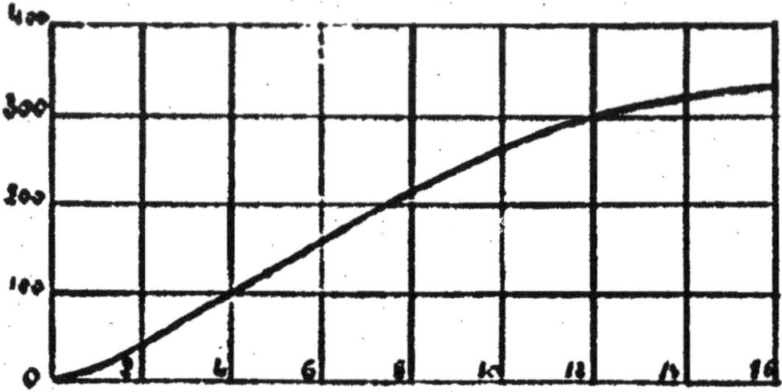

Fig. 20. — Courbe intégrale de l'établissement de la mémoire, déduite de la courbe (fig. 1).

temps, d'une loi de sensibilité croissante. Il est remarquable que l'échelle des temps soit agrandie proportionnellement et non suivant une loi complexe.

On a (fig. 15) pour la durée x' de la persistance, t étant la durée d'établissement du souvenir, K étant la nouvelle échelle des temps

$$x' = K\left(t - \frac{1}{\beta}\log_e 2\right);$$

comme x' est négatif, la persistance mnémonique est d'autant plus courte que la durée d'établissement t et que le coefficient de rapidité d'établissement β auront été plus grands : son énergie grandit avec l'énergie de la sensation d'établissement.

7. L'adaptation. — Quand la mémoire complète, image de la sensation complète, s'est établie, $\frac{dS}{dt}$, la variation de la sensation par rapport au temps est nulle : les réactions sensitivo-motrices se sont établies ; par conséquent, un excitant nouveau, soit une répétition, ne fera aucun effet ; le sujet s'est *adapté*.

L'adaptation est mesurée (*fig. 8*) par la décroissance de $\frac{dS}{dt}$ du maximum à zéro, avec une nouvelle échelle des temps et la désadaptation par la régression de $\frac{dS}{dt}$ de zéro au maximum. La fatigue est mesurée, au contraire, par une sensibilité $\frac{dS}{dt}$ ou une motricité $\frac{dW}{dt}$ négatives, correspondant à la décroissance de S ou de l'effort W avec le temps : il n'y a donc pas de rapport entre la fatigue et l'adaptation.

Nous n'avons pas eu l'occasion de poursuivre d'expériences sur l'adaptation. Il y aurait lieu d'essayer de vérifier sur la sensitive et autres réactifs vivants la fonction complémentaire de la dérivée

$$y' = 2\beta Y \left(e^{-\beta t} - e^{-2\beta t}\right)$$

décroissante à partir de $x = \frac{1}{\beta} \log_e 2$ ou plutôt la formule pratiquement équivalente

$$y = Y_0 e^{-\beta_1 (X - x)},$$

X étant une constante.

III

L'HABITUDE

8. L'établissement. — Le problème qu'il s'agit de résoudre maintenant est de déterminer la loi suivant laquelle décroissent, en fonction du nombre des répétitions, les temps d'exécution d'un acte dont le sujet a ou peut avoir de lui-même une représentation complète, en un mot, de préciser la loi d'établissement de l'habitude.

Revenons aux considérations de sensation qui nous ont servi pour la loi d'établissement de la mémoire.

Par l'habitude, dans la période de croissance de cette propriété, les temps d'établissement d'une même sensation ou d'un même complexe de sensations, décroissent de plus en plus quand le nombre des répétitions grandit : dans le quotient $\frac{S}{t}$ qui mesure l'énergie de la sensation dans le temps t, S reste constant à chaque répétition, mais t diminue : la sensibilité moyenne afférente augmente donc avec le nombre des répétitions et aussi la motricité $\frac{W}{t}$ (¹), de même que l'habitude. Comme $\Delta S = 1 = $ constante et comme Δt est une quantité variable qui tend vers une limite inférieure, je puis substituer à $\frac{S}{t}$ le quotient différentiel $\frac{K\,dS}{dt}$ qui mesure une quantité proportionnelle à la sensibilité. Supposons identiques les deux fonctions habitude et sensibilité : nous aurons pour l'établissement de l'habitude la même formule que pour l'établissement d'une sensibilité $\frac{dS}{dt}$ croissante, soit la dérivée (5)

$$y' = 2\beta\gamma\,(1 - e^{-\beta x})e^{-\beta x}$$

de $x = 0$ à $x = \frac{1}{\beta}\log_e 2$.

(¹) La sensibilité et la motricité grandissent de pair dans le début des fonctions $S = f(t)$, $W = f(t)$, $S = f(t)$, $W = f(t)$. (*Sensation et Énergie*, § 23.)

Malheureusement nous ne pouvons vérifier directement cette
équation sur nos courbes expérimentales, car le calcul de β serait
très laborieux. Nous avons dû recourir au même artifice que
précédemment. Nous avons cherché des formules d'interpolation

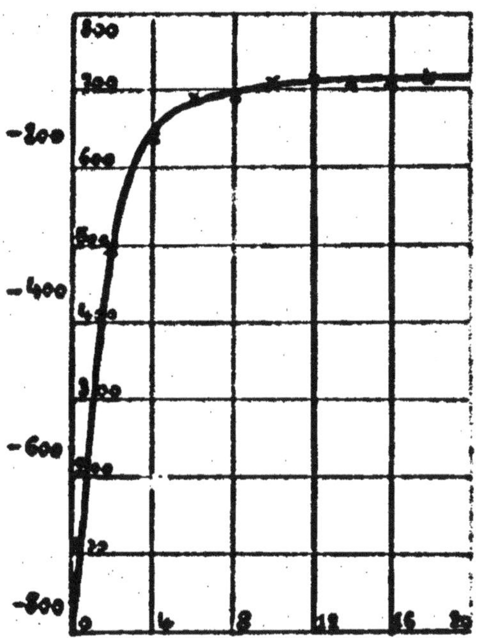

Fig. 21. — Courbe d'établissement
de l'habitude visuelle
(ponctuation aux signaux Morse).

facilement calculables et qui représentent bien les observations.
Nous en avons trouvé deux, qui donnent également de bons
résultats en fonction du nombre x de répétitions

$$y_2 = Y\,(1 - e^{-\beta x})$$

et

$$y_1 = 1 - \frac{a}{b - c^x}$$

a, b, c étant des constantes. Les indices ont les significations
définies pages 8 et 18.

Finalement nous avons adopté, comme le montrent les tableaux numériques (2ᵉ partie, II). la première, qui donne en général des concordances un peu meilleures; on trouvera quelques véri-

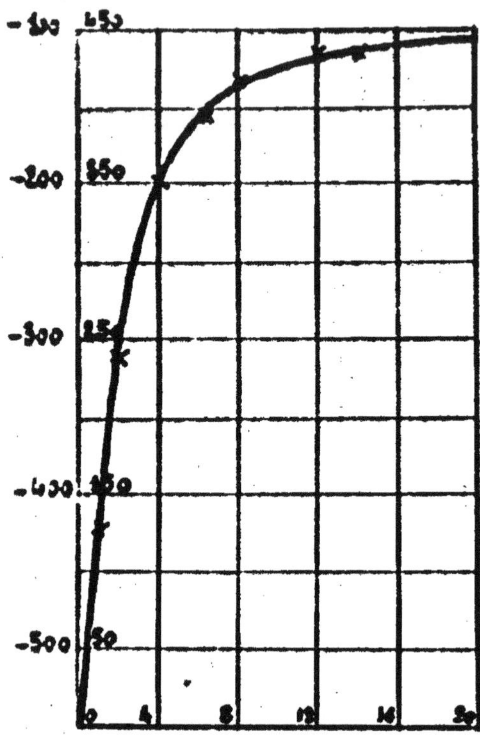

Fig. 22. — Courbe d'établissement
de l'habitude visuelle
(ponctuation aux signaux Morse).

fications et exemples de la deuxième. pris au hasard parmi un grand nombre d'autres qu'il eût été fastidieux de reproduire.

Nous construisons par l'intégraphe ou par tout autre procédé pratique d'intégration les courbes intégrales de nos courbes d'habitude

$$(1) \qquad y = Y \left(1 - e^{-kx} \right),$$

c'est-à-dire les courbes dont les ordonnées aux points x sont

égales aux aires $\int_0^x y\,dx$ et nous vérifions que les courbes ainsi

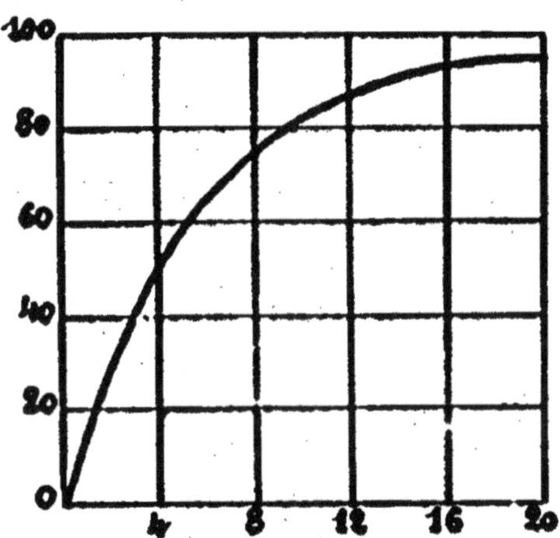

Fig. 23. — Courbe d'établissement
de l'habitude de la machine à écrire.

construites peuvent s'interpoler exactement par une équation
de la forme

$$(2) \qquad y_3 = Y_1\,(1 - e^{-kx})$$

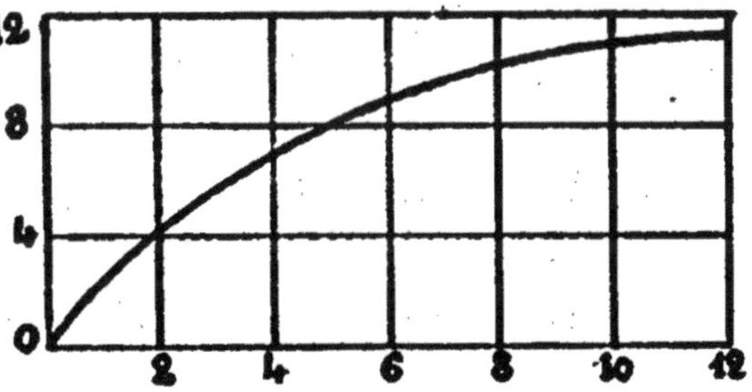

Fig. 24. — Courbe d'établissement de l'habitude
du démontage et du remontage des pneumatiques d'automobiles.

ce qui nous permet de restituer la courbe d'établissement de la
première opération.

Nous pouvons donc conclure que les équations (1) sont bien des expressions approchées des dérivées de l'équation (2), c'est-à-dire des courbes d'établissement de la première opération.

Les figures 21, 22, 23, 24 (tableaux XV, XVI, XXXVI et XLIII)

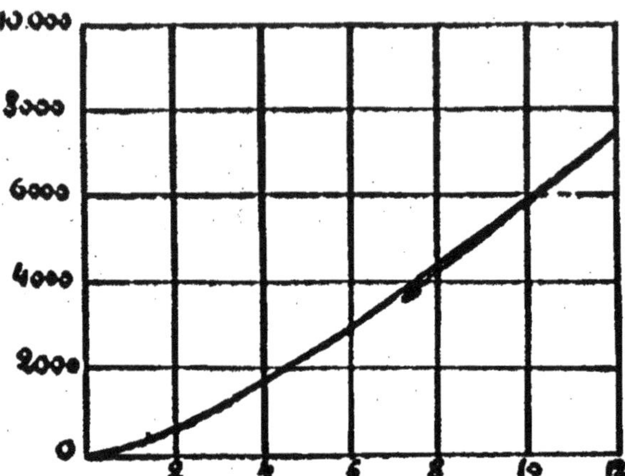

Fig. 25. — Courbe intégrale de la courbe d'établissement de l'habitude (fig. 21).

représentent des courbes d'établissement d'habitude, prises au hasard parmi nos expériences sur les différentes formes de l'habitude.

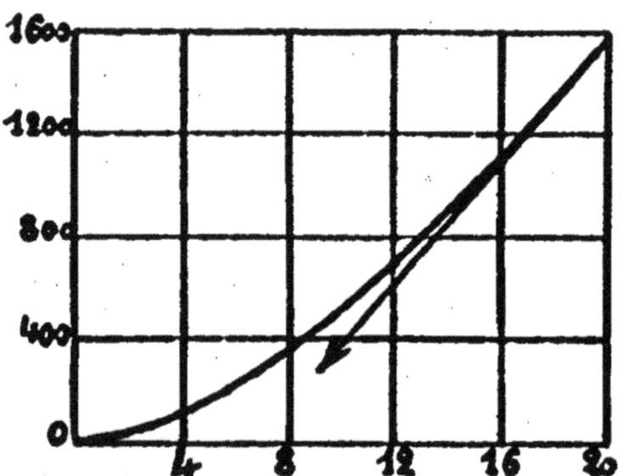

Fig. 26. — Courbe intégrale de la courbe d'établissement de l'habitude (fig. 23).

Le tableau XLVII donne les coordonnées des courbes inté
grales des fig. 21, 23, 24 et le tableau XLVIII montre que ch
cune de ces courbes intégrales répond à une équation de
forme (*fig. 25-27*)

$$y_2 = Y_2 \left(1 - e^{-3 \cdot x}\right)^2.$$

En résumé, la courbe d'établissement de l'habitude d'u
opération est de la même forme, avec un simple changemel

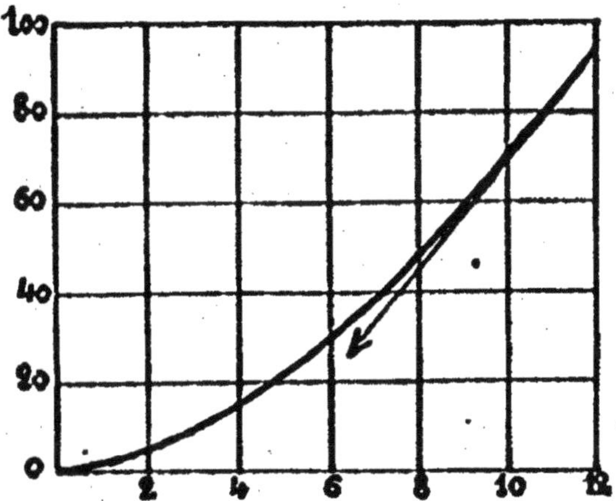

Fig. 27. — Courbe intégrale de la courbe
d'établissement de l'habitude (*fig. 21*).

d'échelle dans le temps, que la dérivée du début de la courl
d'établissement de cette opération : c'est une courbe d'évol
tion de sensibilité croissante dans le temps, de zéro jusqu'
son maximum.

9. La perte de l'habitude. — Nous n'avons pas fait d'ex
périences — ces recherches exigeant des temps très longs — su
la décroissance de l'habitude, laquelle s'exprimerait par de
temps d'exécution de plus en plus longs : il est probable, d'aprè
les vérifications précédentes d'hypothèses identiques, que la sen
sibilité repassera en décroissant par les mêmes valeurs qu'elle

parcourues en croissant, l'échelle des temps étant seulement changée. On aurait donc pour la décroissance de l'habitude

$$y = Y(1 - e^{-k(X - x)}),$$

X étant une constante proportionnelle à la durée d'établissement de l'habitude. La décroissance est d'autant plus rapide que l'énergie et la durée de cet établissement ont été plus faibles : la loi de décroissance de l'habitude serait différente de celle de la décroissance de la persistance mnémonique (§ 3).

10. Formes supérieures de l'habitude et de l'adaptation. — Il ressort du § 7 que l'adaptation est une évolution de l'habitude, la sensibilité $\dfrac{dS}{dt}$ étant décroissante dans le cas de la première à partir du maximum atteint par la seconde.

On pourrait considérer une *habitude relative* et une *adaptation relative*, dépendant de la sensibilité directement relative $\dfrac{\frac{dS}{dt}}{I}$: et, de même, une *habitude* et une *adaptation inversement relatives* dépendant de la sensibilité inversement relative $\dfrac{\frac{dS}{dt}}{I}$ [1].

Comme les S notables décroissent en fonction du temps et en fonction de l'excitant à partir de certaines valeurs de ces variables, les sensibilités deviennent négatives. Les tropismes, dépendant de la sensibilité inversement relative [2], deviennent négatifs pour une certaine valeur de l'excitant et aussi pour une certaine valeur de la durée de l'excitation, cette valeur étant décalée par rapport à celle de l'excitant, puisque, dans l'habitude, le maximum de $\dfrac{dS}{dt}$ coïncide avec un $\dfrac{dS}{dt}$ tendant vers zéro.

On peut considérer le renversement de certains tropismes qui

[1] Voir *Sensation et Énergie*, §§ 1 et 3.
[2] Voir *Sensation et Énergie*, § 2.

exige des temps très longs, par exemple, le changement de signe
du chimio-taxisme des leucocytes à la suite de la vaccination,
comme une conséquence des lois de cette adaptation et de cette
habitude inversement relatives : le leucocyte, imprégné à la suite
de la vaccination, de faibles doses de toxines sent très faiblement les doses élevées, agissant pendant des temps notables,
de même que nous sentons très faiblement les lumières, même
intenses, si nous avons des images persistantes très fortes
des excitations antérieures ; au lieu du chimio-taxisme négatif,
inséparable des sensations fortes, il présentera dans ces conditions le chimio-taxisme positif, caractéristique des sensations
faibles. On entrevoit la possibilité de modifier, dans une
mesure précisée à l'avance, les habitudes et les adaptations
des leucocytes et de leur imposer, quelle que soit la dose des
toxines sécrétées par les microbes, un chimio-taxisme toujours
positif, essentiellement favorable aux organismes dans lesquels
ils évolueraient ; il suffit de constituer la psycho-physique des
leucocytes, c'est-à-dire de préciser pour eux les fonctions
$S = \varphi (i)$, $S = \varphi (t)$, suivant les différentes toxines, et de réduire
par des moyens, qui peuvent n'être pas fondés sur la persistance
des impressions, le champ de leurs sensations inconscientes,
dans des limites telles que les sensibilités afférentes soient
toujours positives. Il est d'ailleurs probable qu'ici comme ailleurs
ces fonctions ne différeront pas des fonctions $W = \varphi (i)$,
$W = \varphi (t)$, W désignant une énergie.

Les phénomènes d'amnésie sont un corollaire direct et évident
des sensibilités négatives ; les sensations fortes entraînent des
images négatives qui annulent couramment les images persistantes positives.

CONCLUSIONS (Fig. 28.)

Rappelons les données établies dans *Sensation et Énergie* :

La sensation, prise dans sa généralité, c'est-à-dire indépendamment de ses spécificités, en fonction, soit du temps, soit de l'excitant, après avoir grandi en passant par un point d'inflexion, atteint un maximum, puis décroît en tendant vers zéro.

Les sensibilités, mesurées par les dérivées de ces fonctions, présentent trois phases : 1° croissantes de 0 à un maximum; 2° décroissantes de ce maximum à 0; 3° négatives, en tendant vers une limite.

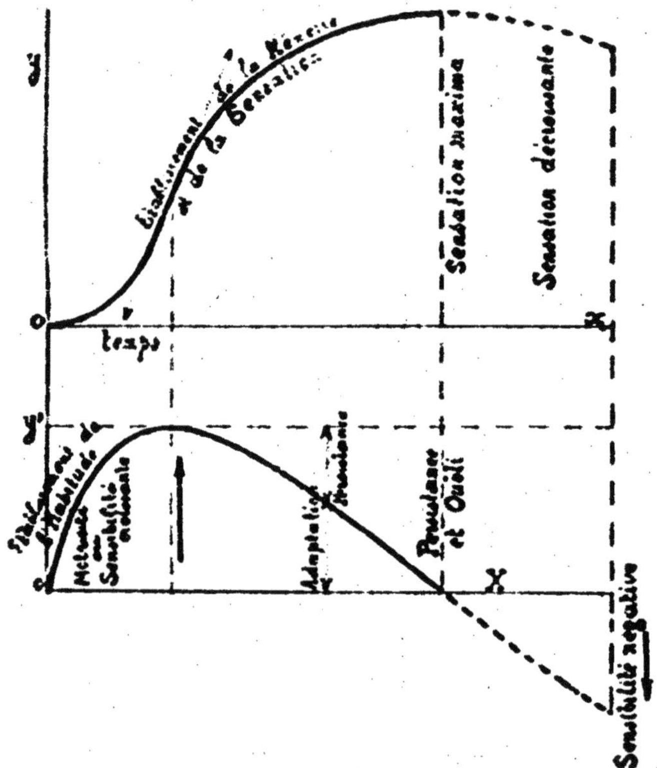

Fig. 28. — Courbes schématiques de l'évolution de la mémoire, de l'habitude et de l'adaptation.

Nous concluons :

1° La loi d'établissement de la mémoire en fonction du temps ou du nombre des répétitions est la même que celle de l'établissement des sensations moyennes en fonction du temps : la courbe présente un point d'inflexion. Elle pourrait n'en pas présenter, si les sensations sont faibles. (Cf. *Sensation et Énergie,* § 6, fig. 13.)

2° La loi d'établissement de l'habitude en fonction du temps ou du nombre des répétitions est la même que celle de l'accroissement de la sensibilité de zéro au maximum (1re phase), cette sensibilité étant mesurée par la dérivée par rapport au temps de la courbe d'établissement d'une sensation ou d'une mémoire jusqu'au point d'inflexion et étant liée, en général, à une décroissance de la sensibilité par rapport aux excitants. Nos courbes d'habitude ne présentent pas de point d'inflexion : dans le cas de sensations *fortes,* la théorie en prévoit un. (Cf. *Sensation et Énergie,* § 6, fig. 13.)

§ 3° La loi d'établissement de l'adaptation en fonction du temps est vraisemblablement complémentaire de celle de la décroissance de la sensibilité du maximum à zéro (2e phase), la sensibilité étant mesurée par la dérivée de la courbe d'établissement d'une sensation ou d'une mémoire à partir du point d'inflexion, et la loi de la décroissance de la persistance mnémonique est complémentaire de celle d'une sensibilité qui régresse de zéro au maximum (2e phase).

4° L'oubli de l'habitude est vraisemblablement complémentaire d'une sensibilité $\frac{dS}{dt}$ régressant du maximum à 0 (1re phase), tandis que l'oubli de la mémoire est proportionnel à cette sensibilité régressant de 0 au maximum (2e phase).

DEUXIÈME PARTIE

LES EXPÉRIENCES

I

LA MÉMOIRE

11. L'établissement. — Des tableaux suivants, le 1ᵉʳ présente les erreurs absolues y sur les tracés d'un trait en fonction du nombre des répétitions x, le 2ᵉ, les quantités $y_1 = 1 - y$, le 3ᵉ, les quantités $y_2 = y_1 + a$, a étant une constante qui sera définie, p. 38; les quantités y_2 marquent le progrès de la mémoire en fonction du nombre des répétitions.

TABLEAU I

Duch.		Le D.		Ku.		Ha.		Lag.		Lév.	
x	y	x	y	x	y	x	y	x	y	x	y
0	37	0	20	0	27	0	27	0	37	0	17
1	18	1	16	1	24	1	16	1	31	1	18
2	15	2	16	2	17	2	16	2	31	2	10
3	2	3	12	3	18	3	10	3	20	3	12
4	5	4	7	4	9	4	11	4	15	4	3
5	5	5	11	5	6	5	5	5	18	5	3
6	4	6	10	6	8	6	2	6	10	6	5
7	4,5	7	8	7	9	7	7	7	9	7	4
8	2	8	7	8	4	8	5	8	4	8	4
9	1	9	6	9	7			9	11		

TABLEAU II

Duch.		Le D.		Ba.		Ha.		Lag.		Lév.	
x	y_1	x	y_1	x	y_1	x	y_1	x	y_1	x	y_1
0	— 36	0	— 19	0	— 26	0	— 25	0	— 36	0	— 16
1	— 17	1	— 15	1	— 23	1	— 15	1	— 30	1	– 17
2	— 11	2	— 15	2	— 16	2	— 15	2	— 30	2	— 9
3	— 1	3	— 11	3	— 17	3	— 9	3	— 19	3	— 11
4	— 4	4	— 6	4	— 8	4	— 10	4	— 11	4	— 2
5	— 4	5	— 10	5	— 5	5	— 4	5	— 17	5	— 2
6	— 3	6	— 9	6	— 7	6	— 1	6	— 9	6	— 1
7	— 3,5	7	— 8	7	— 8	7	— 6	7	— 8	7	— 3
8	— 1	8	— 6	8	— 3	8	— 4	8	— 3	8	— 3
9	— 0	9	— 5	9	— 6			9	— 10		

TABLEAU III

Les y_2 observés du tableau suivant sont d'abord corrigés
d'après la courbe de sentiment ; de plus, l'équation impliquant
que la courbe passe par l'origine, c'est-à-dire que l'on doit
avoir $y_2 = 0$ pour $x = 0$, on doit faire un transfert d'ordonnées
défini par $y_2 = y_1 + a$, en désignant par a la valeur absolue de
l'y_1 correspondant à $x = 0$. Nous avons pour a les valeurs :

Duch.	Le D.	Ba.	Ha.	Lag.	Lév.
36	19	26	25	36	16

On a indiqué sur les figures (1-6) ces deux échelles d'ordonnées.

Duch.			Le D.			Ru.		
x	y_2 calc.	y_2 obs. et corrigé	x	y_2 calc.	y_2 obs. et corrigé	x	y_2 calc.	y_2 obs. et corrigé
0	0	0	0	0	0	0	0	0
1	6	7	1	2,5	2,25	1	3	3
2	25,2	25	2	5,9	6	2	8	8
3	30	30	3	9	9	3	12,5	12,5
4	33,4	34	4	9,98	11	4	16	16
6	34,3	34,5	6	13	13.25	6	19,5	19,5

$$y_2 = 35(1 - e^{-\beta x})^2 \qquad \beta = 0,39$$
$$y_2 = 15(1 - e^{-\beta x})^2 \qquad \beta = 0,50$$
$$y_2 = 22(1 - e^{-\beta x})^2 \qquad \beta = 0,16$$

Ha.			Lag.			Lev.		
x	y_2 calc.	y_2 obs. et corrigé	x	y_2 calc.	y_2 obs. et corrigé	x	y_2 calc.	y_2 obs. et corrigé
0	0	0	0	0	0	0	0	0
2	11,75	12	1	3,5	3,5	1	2,5	1,5
4	20,5	20	2	9,75	9	2	6,5	5,5
6	22	22	3	15,5	15	3	9,8	9,5
8	24	24	4	20	20	4	12	11,5
			6	25,6	26	5	13,6	13,5
						6	14,25	14

$$y_2 = 25(1 - e^{-\beta x})^2 \qquad \beta = 0,60$$
$$y_2 = 30(1 - e^{-\beta x})^2 \qquad \beta = 0,13$$
$$y_2 = 16(1 - e^{-\beta x})^2 \qquad \beta = 0,38$$

12. La persistance mnémonique. — Les tableaux
IV-VIII présentent, dans leur 4e colonne, la décroissance de la
persistance mnémonique ; le tableau IX justifie les formules
interpolatrices indiquées en bas des tableaux concernant chaque
sujet ; le tableau X résume les résultats de l'intégration pratique
des courbes précédentes de persistance mnémonique, y_2 désignant les ordonnées des courbes intégrales ; le tableau XI justifie
les interpolations de ces courbes intégrales par les formules
indiquées en bas des tableaux de chaque sujet.

TABLEAU IV.

		Sob.		
Dates des essais	Longueur reproduite	Erreur absolue y	Persistance $y_1 = 1 - y$	y_2 observé et corrigé par la courbe de sentiment
10 janvier matin	108^m/^m	0	1	40
10 janvier soir	103	5	— 4	36
11 janvier	102	6	— 5	32
12 janvier	100	8	— 7	27
14 janvier	100	8	— 7	23,5
17 janvier	81	27	— 26	13,5
18 janvier	78	30	— 29	11
19 janvier	76	32	— 31	9
21 janvier	70	38	— 37	3,5
22 janvier	73	35	— 34	2,5

TABLEAU V

Dates des essais	Longueur reproduite	Erreur absolue y	Persistance y_1 $1-y$	y_2 observé et corrigé
10 janvier matin	108	0	1	40
10 janvier soir..	120	12	11	35
11 janvier......	118	10	— 9	29
12 janvier......	125	17	— 16	25
14 janvier......	126	18	— 17	21,5
15 janvier......	130	22	— 21	18
17 janvier.... .	130	22	— 21	10,5
18 janvier......	136	28	— 27	10
19 janvier......	149	41	— 40	6

TABLEAU VI

Dates des essais	Longueur reproduite	Erreur absolue y	Persistance $y_1 = 1-y$	y_2 observé et corrigé
10 janvier matin	108	0	1	25
11 janvier.... .	110	2	— 1	22,5
12 janvier......	112	4	3	20
14 janvier......	120	12	— 11	15
17 janvier......	127	19	— 18	9
18 janvier......	126	18	— 17	7
19 janvier......	127	19	— 18	6
21 janvier......	130	22	— 21	4,5
22 janvier......	128	20	— 19	3

TABLEAU VII

Pe.			
Dates des essais	Longueur reproduite	Erreur absolue y	Persistance $y_1 = 1 - y$	y_2 observé et corrigé
10 janvier matin	108	0	1	50
10 janvier soir..	110	2	— 1	45
11 janvier......	114	6	— 5	39,5
12 janvier......	120	12	— 11	34
15 janvier......	126	18	— 17	21
17 janvier......	147	39	— 38	14
18 janvier......	135	27	— 26	12,5
19 janvier......	150	42	— 41	4

TABLEAU VIII

Bl.			
Dates des essais	Longueur reproduite	Erreur absolue y	Persistance $y_1 = 1 - y$	y_2 observé et corrigé
10 janvier matin	108	0	1	40
10 janvier soir..	116	8	— 7	36
11 janvier... ..	118	10	— 9	33
12 janvier......	120	12	— 11	29
14 janvier......	125	17	— 16	26
15 janvier......	126	18	— 17	20
17 janvier......	133	25	— 24	15
18 janvier.... .	126	18	— 17	12
21 janvier......	143	35	— 34	5

TABLEAU IX

Soh.			Lem.			Lag.		
x	y_2 calc.	y_2 obs.	x	y_2 calc.	y_2 obs. et corr.	x	y_2 calc	y_2 obs. et corr.
0	40	40	0	40	40	0	26	25
1	35,5	36	1	35	35	2	20	20
2	31,5	32	2	30	29	4	15,5	15
4	23,5	23,5	3	25	25	6	10	11
6	15	15	4	22	21,5	8	7	7
8	10	11	6	13,8	14	10	2,5	5
10	4,3	6	8	8	10			
			10	1,5	2			

$$y_2 = 40 - 100 + 100e^{-\beta x}$$
$$\beta = 0,045$$

$$y_2 = 40 - 100 + 100e^{-\beta x}$$
$$\beta = 0,042$$

$$y_2 = 26 - 100 + 100e^{-\beta x}$$
$$\beta = 0,027$$

Pe.			Ba.		
x	y_2 calc.	y_2 obs.	x	y_2 calc.	y_2 obs. et corr.
0	0	50	0	40	40
1	45	45	2	33	33
2	40	39,5	4	26	26
4	30	29,5	6	20	20
6	21	20	8	14	15
8	14	14			
10	7,8	10			

$$y_2 = 50 - 100 + 100e^{-\beta x}$$
$$\beta = 0,055$$

$$y_2 = 40 - 100 + 100e^{-\beta x}$$
$$\beta = 0,038$$

TABLEAU X

Soh.		Lem.		Lag.		Pe.		Bi.	
x	y_3	x	y_3	x	y_3	x	y_3	x	y_3
0	0	0	0	0	0	0	0	0	0
2	50	2	55	2	35	2	78	2	40
4	120	4	135	4	90	4	170	4	100
6	200	6	200	6	130	6	270	6	160
8	250	8	260	8	170	8	350	8	215
10	312	10	306	10	200	10	410	10	260
12	354	12	336	12	234	12	500	12	300
14	378	14	346	14	250	14	545	14	321
16	388			16	256	16	475	16	330

TABLEAU XI

So.			Lem.			Lag.		
x	y_3 calc.	y_3 obs.	x	y_3 calc.	y_3 obs. et corr.	x	y_3 calc.	y_3 obs. et corr.
0	0	0	0	0	0	0	0	0
2	47	50	2	53	55	2	32	35
4	116	120	4	138	135	4	85	90
6	200	200	6	200	200	6	130	130
8	250	250	8	260	260	8	170	170
10	310	312	10	302	306	10	196	200

$$y_3 = 400(1 - e^{-\beta x}) \qquad y_3 = 350(1 - e^{-\beta x}) \qquad y_3 = 260(1 - e^{-\beta x})$$
$$\beta = 0{,}21 \qquad\qquad \beta = 0{,}26 \qquad\qquad \beta = 0{,}205$$

	Pe.			Bi.	
x	y_3 calc.	y_3 obs. et corr.	x	y_3 calc.	y_3 obs. et corr.
0	0	0	0	0	0
2	76	78	2	39	40
4	165	170	4	103	100
6	267	270	6	160	160
8	350	350	8	218	215
10	436	440	10	263	260

$$y_3 = 600\,(1 - e^{-\beta x}) \qquad y_3 = 350\,(1 - e^{-\beta x})$$
$$\beta = 0,18 \qquad\qquad \beta = 0,20$$

13. Influence de l'âge sur la mémoire immédiate.

— Rentrent dans notre étude les expériences suivantes, faites par M. BOURDON ([1]) concernant l'influence de l'âge sur la mémoire immédiate.

L'auteur prononçant une seule fois, soit une série de chiffres, soit une série de lettres, soit une série de monosyllabes, l'élève devait répéter la série.

Les résultats expérimentaux les plus probants sont reproduits par les tableaux suivants, dans lesquels les y_1 représentent des pourcentages de bonnes réponses.

TABLEAUX XII (répétition de groupes de 6 lettres).

x	y_1	x	y_1
8 ans	24	15 ans	60
9	13	16	52
10	19	17	44
11	31	18	58
12	46	19	61
13	33	20	62
14	62		

([1]) *Revue philosophique*, août 1894, p. 148.

La courbe répond à l'équation

$$y_2 = 43 (1 - e^{-0.2x})^2;$$

x	y_2 calc.	y_2 obs.
0	0	0
2	6,5	6,5
4	17,5	18
6	33	32,5
8	37	37

TABLEAUX XIII (groupes de 5 monosyllabes).

x	y_1	x	y_1
8 ans	25	15 ans	80
9	65	16	79
10	71	17	83
11	58	18	94
12	72	19	67
13	64	20	91
14	86		

La courbe répond à l'équation

$$y_2 = 66 (1 - e^{-0.3x})^2;$$

x	y_2 calc.	y_2 obs.
0	0	0
2	36	36
4	57	56
6	60	60
8	65	65

TABLEAUX XIV (groupes de 6 monosyllabes).

x	y_1	x	y_1
8 ans	0	15 ans	47
9	3	16	43
10	26	17	63
11	19	18	58
12	35	19	50
13.	48	20	79
14	57		

La courbe répond à l'équation

$$y_2 = 70 \left(1 - e^{-0.6x}\right)^2 ;$$

x	y_2 calc.	y_2 obs.
0	0	0
2	17,5	18
4	39,2	40
6	54	54
8	62,5	62

Il est curieux de constater que les âges d'individus différents influent sur les pourcentages mnémoniques comme les répétitions d'un même test chez un même individu. Le temps intervient ici, une fois de plus, à une échelle rigoureusement proportionnelle (§§ 3, 5, 8).

II

L'HABITUDE

L'HABITUDE VISUELLE

14. Lecture de bandes de signaux Morse (¹). — L'élève déroulait à l'aide d'un appareil Morse une bande de signaux, transcrivant sur une feuille de papier en lettres ordinaires ces signaux au fur et à mesure qu'il en déchiffrait le sens. On prenait l'heure au commencement et à la fin de la lecture d'une bande ou bien on prenait le temps nécessaire à la lecture d'une seule permutation; afin d'obtenir ce dernier temps, un instructeur placé à côté de l'élève marquait sur un récepteur Morse deux points : l'un représentant le commencement, l'autre représentant la fin de la traduction. La longueur de bande déroulée comprise entre les deux points ainsi obtenus donnait le temps cherché. On obtenait les différents points de la courbe en répétant le lendemain et les jours suivants la même opération jusqu'à ce que le temps total d'une séance demeurât sensiblement invariable.

Les expériences suivantes ont été poursuivies sur des élèves télégraphistes de seconde année. Ces courbes ont, cela va sans dire, des asymptotes différentes; mais en vue de faciliter leur comparaison, nous les avons toutes rapportées à la même asymptote $y = 100$; cela revient à prendre des ordonnées proportionnelles aux temps observés.

Nous ne donnerons, à titre d'exemple, les valeurs expérimentales de ces ordonnées que pour la première des courbes; pour les autres, nous donnerons immédiatement les résultats rapportés à l'asymptote $y = 100$, les x représentant les numéros d'ordre des essais.

<hr>

(¹) Toutes ces expériences avec le Morse ont été exécutées par M. le capitaine CASLANT sur ses élèves, télégraphistes du génie.

TABLEAUX XV (ponctuation).

x	y	x	y	x	y
1	587	10	107	19	83
2	295	11	94	20	79
3	212	12	86	21	73
4	182	13	88	22	63
5	150	14	95	23	68
6	130	15	93	24	72
7	115	16	84	25	67
8	99	17	95		
9	111	18	79		

Cette courbe est asymptote à la droite $y = 70$; il suffira donc, si l'on veut obtenir la nouvelle asymptote $y = 100$, de multiplier toutes les ordonnées par le rapport $\frac{10}{7}$. La nouvelle courbe que nous considérons finalement est alors définie par le tableau suivant :

x	y	x	y	x	y
1	839	10	153	19	119
2	421	11	134	20	112
3	303	12	123	21	104
4	260	13	126	22	90
5	215	14	136	23	98
6	186	15	133	24	102
7	165	16	120	25	99
8	141	17	136		
9	158	18	113		

Le 1ᵉʳ des tableaux xv n'est lui-même qu'un tableau de moyennes. Les résultats expérimentaux étaient pour :

597 la 1ʳᵉ moyenne de 10 valeurs	295 la 2ᵉ moyenne de 10 valeurs	212 la 3ᵉ moyenne de 10 valeurs	182 la 4ᵉ moyenne de 10 valeurs
611	360	269	201
781	452	261	203
762	316	205	203
518	319	212	113
466	280	162	177
595	376	192	185
662	250	221	189
645	257	195	188
312	363	203	161
430	300	171	169

Nous avons calculé de même les courbes qui suivent.

Dans le tableau suivant, les y_2 observés sont corrigés d'après la courbe de sentiment et rapportés au nombre de répétitions, c'est-à-dire au nombre des essais moins un. De plus, l'habitude y_1 progressant en sens inverse des temps, on a

$$y_1 = 1 - y ;$$

et, comme la courbe passe par l'origine, on doit faire un transfert d'abscisses, en outre du transfert des ordonnées défini (page 38). Dans ces conditions, les expériences (*fig. 21*) sont bien interpolées par l'équation

$$y_2 = 710 \, (1 - e^{-0.31x}) :$$

x	y_2 calc.	y_2 obs.	x	y_2 calc.	y_2 obs.
0	0	0	6	685	680
1	320	420	7	693	700
2	500	510	8	703	705
3	592	585	10	707	708
4	637	632	15	709	709
5	670	660			

TABLEAUX XVI (lettres).

La courbe rapportée à l'asymptote $y = 100$ est ainsi définie :

x	y	x	y	x	y
1	378	11	197	21	114
2	353	12	168	22	120
3	308	13	188	23	133
4	311	14	176	24	119
5	211	15	152	25	114
6	253	16	128	26	112
7	247	17	133	27	108
8	266	18	135	28	103
9	219	19	118	29	113
10	193	20	109	30	110

L'équation est

$$y_2 = 300\,(1 - e^{-0,03\,x}) :$$

x	y_2 calc.	y_2 obs.	x	y_2 calc.	y_2 obs.
0	0	0	10	193,2	192
1	30	30	12	213,6	212
2	57	60	16	212	212
4	102	101	20	262,2	262
8	168	170	22	270	268
9	181,2	180			

TABLEAUX XVII (ponctuation).

Rapportée à l'asymptote $y = 100$, la courbe est ainsi définie :

x	y	x	y	x	y
1	517	9	133	17	102
2	411	10	129	18	107
3	316	11	125	19	101
4	227	12	120	20	113
5	197	13	109	21	115
6	192	14	110	22	115
7	151	15	121	23	105
8	117	16	107		

L'équation est (fig. 22)

$$y_2 = 450 (1 - e^{-0,117x}) :$$

x	y_2 calc.	y_2 obs.	x	y_2 calc.	y_2 obs.
0	0	0	8	418,5	420
1	139,5	140	10	425	425
2	231	235	12	433	431
4	316,5	350	16	442	440
6	391	390			

TABLEAUX XVIII (ponctuation

x	y	x	y	x	y
1	900	10	162	19	106
2	503	11	119	20	106
3	392	12	122	21	101
4	256	13	111	22	106
5	201	14	117	23	105
6	222	15	119	24	101
7	186	16	110	25	102
8	171	17	97		
9	155	18	101		

L'équation

$$y_2 = 800 \left(1 - e^{-0,65x}\right)$$

est justifiée par le tableau suivant :

x	y_2 calc.	y_2 obs.	x	y_2 calc.	y_2 obs.
0	0	0	4	672	675
1	296	300	8	779	760
2	480	500	12	790	780

Nous avons vérifié sommairement que des équations de même forme représentent les expériences suivantes :

Tableau xix (lettres)

x	y	x	y	x	y
1	763	11	164	21	159
2	707	12	183	22	141
3	1006	13	267	23	153
4	768	14	148	24	137
5	331	15	158	25	123
6	280	16	147	26	115
7	238	17	136	27	118
8	227	18	156	28	107
9	207	19	133		
10	189	20	153		

Tableau xx (ponctuation)

x	y	x	y	x	y
1	586	9	155	17	118
2	389	10	143	18	120
3	317	11	147	19	110
4	295	12	129	20	143
5	239	13	123	21	119
6	222	14	135	22	113
7	182	15	140	23	103
8	160	16	131	24	117

TABLEAU XXI (lettres)

x	y	x	y	x	y
1	162	9	151	17	121
2	238	10	135	18	118
3	221	11	147	19	121
4	167	12	132	20	121
5	192	13	126	21	117
6	185	14	127	22	122
7	173	15	131	23	110
8	158	16	135		

TABLEAU XXII (lettres)

x	y	x	y	x	y
1	443	11	169	21	126
2	321	12	172	22	108
3	295	13	197	23	122
4	254	14	191	24	122
5	245	15	171	25	122
6	251	16	140	26	121
7	230	17	146	27	132
8	246	18	156	28	119
9	201	19	184	29	114
10	201	20	174	30	109

Tableau XXIII (lettres)

x	y	x	y	x	y
1	195	11	146	21	99
2	218	12	142	22	100
3	264	13	116	23	107
4	190	14	150	24	111
5	209	15	145	25	111
6	197	16	105	26	104
7	173	17	116	27	105
8	176	18	127	28	101
9	171	19	139	29	122
10	166	20	120	30	113

Tableau XXIV (ponctuation)

x	y	x	y	x	y
1	358	10	132	19	100
2	519	11	122	20	105
3	425	12	119	21	109
4	241	13	111	22	100
5	202	14	112	23	105
6	171	15	101	24	103
7	167	16	110	25	105
8	131	17	105		
9	137	18	110		

Dans les exercices décrits ci-après, les bandes étaient de deux catégories : l'une comprenant 25 permutations des lettres de l'alphabet, l'autre 50 permutations des 50 chiffres et signaux complétant l'alphabet Morse. Il résulte de là que chaque élève devrait fournir deux séries de courbes distinctes :

1° Une série de courbes se rapportant aux 25 permutations des 25 lettres ;

2° Une série de courbes se rapportant aux 50 permutations des 50 chiffres et signaux.

On peut tirer de ces deux séries deux séries nouvelles de courbes par la remarque suivante : Considérons à une date déterminée l'essai d'ordre n, relatif aux 25 permutations des 25 lettres, par exemple, et le temps correspondant à cet essai; comparons ce temps à celui qui sera nécessaire pour le même essai d'ordre n, le lendemain, le surlendemain et les jours suivants. *La courbe ayant pour abscisses les jours et pour ordonnées les temps relatifs au n^{me} essai de chaque jour, devra vérifier notre équation générale.*

Cette conclusion n'est absolument rigoureuse que si les essais du même numéro d'ordre ont eu lieu chaque jour, à la même heure, afin que l'échelle des abscisses ait pour unité 24 heures; mais nous avons constaté qu'à la condition de faire une expérience par jour, l'allure de la courbe ne changeait pas sensiblement.

Nous pouvons répéter sur les groupes de 50 permutations des 50 chiffres et signaux la même opération que sur les groupes de 25 permutations des 25 lettres, ce qui nous permet de tirer de chaque tableau d'exercices, relatifs à un même élève, quatre séries de courbes qui, toutes, doivent vérifier notre équation. Ces quatre séries sont :

1° La suite des essais de l'élève pour une même journée et pour les permutations des 25 lettres ;

2° La suite des essais de l'élève pour une même journée et pour les permutations des 50 chiffres et signaux ;

3° La suite des essais d'ordre n, pour les différentes journées et pour les permutations des 25 lettres ;

4° La suite des essais d'ordre n pour les différentes journées et pour les permutations des 50 chiffres et signaux.

Nous allons d'ailleurs insister particulièrement, à titre d'exemple, sur la signification du tableau qui va suivre et qui est relatif à l'élève Lep.

TABLEAUX XXV

Lep.

25 permutations des 25 lettres

Paires :	1/3	5/3	8/3	9/3	10/3	11/3	29/1	30/1
Temps total :	55	11	10	20	25	27	23	21
1	169	108	137	102	109	85	91	71
2	165	109	181	92	90	91	97	66
3	185	182	132	100	81	101	93	76
4	165	118	113	101	77	76	101	83
5	150	155	158	87	96	99	81	66
6	169	163	112	90	111	91	93	81
7	157	138	96	105	77	100	79	75

50 permutations des 50 chiffres et signaux

Paires :	15/3	16/3	17/3	18/3	19/3	20/3	21/3	22/3	23/3
Temps total :	61	32	28	26	27	31	31	41	35
1	755	350	203	116	121	133	119	220	130
2	617	340	265	127	111	107	110	109	115
3	785	213	196	151	116	75			
4	579	232	170	108	101	101			
5	458	231	189	117	116	117			
6	529	267	160	118	93	91			
7	535	221	183	145	108	87			

La bande portant les permutations se déroulait avec une vitesse de 1ᵐ79 par minute. Le tableau ci-dessus indique, par exemple, que pendant que l'élève cherchait à lire une permutation des 25 lettres, il s'est déroulé 169 centimètres de bande pour la première lecture, puis 165 centimètres pour la seconde, 186 pour la suivante, etc. ; le lendemain, il s'en est déroulé 168 pour la première lecture, 169, pour la seconde, etc. ; le surlendemain, il s'en est déroulé 137 pour la première, 181 pour la seconde.

La ligne intitulée « temps total » présente les durées totales de l'expérience de chaque journée ; l'expérience a donc duré 58 minutes pour la première journée, 44 minutes pour la seconde, etc. Ces temps étaient comptés sur un chronomètre.

Les courbes sont obtenues en portant en abscisses les numéros d'ordre des essais et en ordonnées les longueurs de bande.

Nous désignerons par les notations I, II, III, IV, les 4 groupes de courbes que nous venons de définir.

Groupe I. Courbes relatives à une même journée pour permutations des 25 lettres.

Groupe II. Courbes relatives à une même journée pour permutations des 50 chiffres et signaux.

Groupe III. Courbes relatives aux journées successives pour un essai d'ordre déterminé et pour permutations des 25 lettres.

Groupe IV. Courbes relatives aux journées successives pour un essai d'ordre déterminé et pour permutations des 50 chiffres et signaux.

Nous aurons, par exemple, en négligeant le groupe I :

GROUPE II

x	y	x	y	x	y
1	755	10	473	19	370
2	617	11	572	20	362
3	785	12	461	21	361
4	579	13	399	22	368
5	458	14	338	23	372
6	529	15	385	24	319
7	535	16	311	25	318
8	361	17	308		
9	380	18	401		

L'équation est

$$y_2 = 450\,(1 - e^{-\beta x})$$

avec $\beta = 0{,}223$:

x	y_2 calc.	y_2 obs.	x	y_2 calc.	y_2 obs.
0	0	0	5	301	300
1	90	90	10	401	400
2	162	170	15	436	440
3	270	270	20	442	443

GROUPE III

En comparant le 3e essai de chaque jour, on a la courbe C_3, définie par ces nombres

x	y_3	x	y_3
1	165	5	77
2	118	6	76
3	115	7	105
4	101	8	83

et dont l'équation est

$$y_3 = 100\,(1 - e^{-jx})$$

avec $j = 0,35$:

x	y_3 calc.	y_3 obs.	x	y_3 calc.	y_3 obs.
0	0	0	3	65	64
1	30	30	4	75	74
2	50	50	6	87,5	87

En comparant le septième essai de chaque jour, on a la courbe C_7 :

x	y_3	x	y_3	x	y_3
1	157	4	105	7	79
2	138	5	77	8	75
3	96	6	100		

dont l'équation est

$$y_2 = 90\,(1 - e^{-\beta x})$$

avec $\beta = 0,40$:

x	y_2 calc.	y_2 obs.	x	y_2 calc.	y_2 obs.
0	0	0	4	72	72
1	29,7	30	6	81,9	82
2	49,5	50	8	88	88

En comparant le vingt et unième essai de chaque jour, on a la courbe C_{21} :

x	y_2	x	y_2	x	y_2
1	295	3	129	5	100
2	180	4	150	6	80

dont l'équation est

$$y_2 = 220\,(1 - e^{-\beta x})$$

avec $\beta = 0,19$:

x	y_2 calc.	y_2 obs.	x	y_2 calc.	y_2 obs.
0	0	0	4	198	195
1	94,6	95	6	213	215
2	149,6	150			

GROUPE IV

Pour l'essai d'ordre 1, par exemple, on a la courbe C_1 ainsi définie :

x	y	x	y	x	y
1	755	6	133	11	86
2	350	7	119	12	65
3	203	8	120	13	102
4	146	9	130	14	92
5	121	10	102		

L'équation est

$$y_2 = 660 \left(1 - e^{-\beta x}\right)$$

avec $\beta = 0,80$:

x	y_2 calc.	y_2 obs.	x	y_2 calc.	y_2 obs.
0	0	0	4	630	625
1	363	360	6	651	650
2	530	530	8	656	655

Pour l'essai d'ordre 2, on a C_2 ainsi définie :

x	y	x	y	x	y
1	617	4	127	7	110
2	310	5	111	8	109
3	265	6	107	9	115

dont l'équation est

$$y_2 = 520\,(1 - e^{-\beta x})$$

avec $\beta = 0,65$:

x	y_2 calc.	y_2 obs.	x	y_2 calc.	y_2 obs.
0	0	0	3	455	460
1	249,6	250	4	485	490
2	384	385	6	500	500

TABLEAUX XXVI

Pièr.

GROUPE II

Courbe A. Elle est ainsi définie :

x	y	x	y	x	y
1	1269	10	671	19	337
2	1199	11	617	20	331
3	1095	12	484	21	297
4	907	13	510	22	390
5	938	14	492	23	354
6	642	15	454	24	297
7	606	16	495	25	321
8	638	17	403		
9	722	18	376		

et a pour équation

$$y_2 = 1.000 \left(1 - e^{-\beta x}\right)$$

avec $\beta = 0,15$:

x	y_2 calc.	y_2 obs.	x	y_2 calc.	y_2 obs.
0	0	0	6	600	600
1	130	135	8	700	690
2	250	255	10	756	760
4	450	450	16	910	900

Courbe C. Elle est ainsi définie :

x	y	x	y	x	y
1	320	9	218	17	173
2	355	10	302	18	173
3	291	11	131	19	223
4	528	12	150	20	218
5	271	13	211	21	161
6	153	14	136	22	229
7	160	15	168	23	156
8	169	16	190	24	155

et a pour équation

$$y_2 = Y \left(1 - e^{-\beta x}\right)$$

avec $Y = 400$ et $\beta = 0,12$:

x	y_2 calc.	y_2 obs.	x	y_2 calc.	y_2 obs.
0	0	0	8	250	250
2	81	85	16	310	310
4	153	160	20	366	370
6	217	220			

En adoptant la seconde forme (page 28), avec les notations (page 50),

$$y_1 = 1 - \frac{a}{b - c^x}.$$

nous avons trouvé l'équation :

$$y_t = 1 - \frac{175}{1,25 - 0,906^x}.$$

GROUPE III.

En comparant les essais d'ordre 3, on a C_2 ainsi définie :

x	y	x	y	x	y
1	217	4	77	7	67
2	200	5	65	8	55
3	118	6	66		

La première forme d'équation donne

$$y_2 = Y(1 - e^{-bx})$$

avec $Y = 175$, $b = 0,50$:

x	y_2 calc.	y_1 obs.	x	y_2 calc.	y_1 obs.
0	0	0	6	166	170
2	116	115	8	172	175
4	151	155			

La seconde forme d'équation donne :

$$y_1 = 1 - \frac{60}{1,2 - 0,843^x}.$$

En comparant les essais d'ordre 9, on a la courbe C_9 :

x	y	x	y	x	y
1	387	4	71	7	79
2	187	5	74	8	64
3	101	6	68		

Elle répond aux deux équations suivantes :

$$y_2 = Y(1 - e^{-\beta x}),$$

avec $Y = 350$, $\beta = 0,67$;
et

$$y_1 = 1 - \frac{55}{1,11 - 0,915^x}.$$

La comparaison des essais d'ordre 20 donnera de même la courbe :

x	y	x	y
1	640	5	90
2	111	6	73
3	74	7	60
4	65	8	60

qui répond aux deux équations :

$$y_2 = Y\,(1 - e^{-\beta x})$$

avec $Y = 600$, $\beta = 1,77$;

et

$$y_1 = 1 - \frac{66}{1,111 - 0,70^x}.$$

TABLEAUX XXVII

Der.

GROUPE II.

La courbe ainsi définie :

x	y	x	y	x	y
1	226	10	172	19	163
2	263	11	180	20	135
3	251	12	191	21	150
4	264	13	172	22	161
5	231	14	210	23	154
6	238	15	189	24	118
7	210	16	192	25	116
8	166	17	193		
9	205	18	174		

a pour équation

$$y_2 = 138 \left(1 - e^{-\beta x}\right)$$

avec $\beta = 0,09$:

x	y_2 calc.	y_2 obs.	x	y_2 calc.	y_2 obs.
2	25	25	10	86	88
4	44	44	12	95	98
6	61	60	22	126	130
8	73,8	74			

Cette même courbe répond également à l'équation

$$y_1 = 1 - \frac{240}{1,70 - 0,840^x}.$$

En comparant les essais successifs d'ordre 1, on a la courbe C_1, ainsi définie :

x	y	x	y
1	143	5	51
2	93	6	42
3	82	7	72
4	52	8	47

qui répond aux deux équations

$$y_2 = Y \left(1 - e^{-\beta x}\right)$$

avec $Y = 100$, $\beta = 0,60$;

et

$$y_1 = 1 - \frac{50}{1,20 - 0,803^x}.$$

Pour l'essai d'ordre 2, on a C_2 ainsi déterminée :

x	y	x	y
1	178	5	67
2	105	6	57
3	62	7	69
4	54	8	64

qui répond aux deux équations

$$y_2 = Y (1 - e^{-\beta x})$$

avec $Y = 125$, $\beta = 0,92$;

et

$$y_1 = 1 - \frac{60}{1,20 - 0,77^x}.$$

Nous aurons de même, pour l'essai d'ordre 3, la courbe C_3 :

x	y	x	y
1	230	5	64
2	92	6	48
3	83	7	66
4	62	8	54

qui répond aux deux équations

$$y_2 = Y (1 - e^{-\beta x})$$

avec $Y = 175$, $\beta = 1,21$;

et

$$y_1 = 1 - \frac{45}{1,10 - 0,806^x}.$$

GROUPE IV.

En comparant les essais d'ordre 1, on a la courbe :

x	y	x	y	x	y
1	266	5	69	9	86
2	226	6	67	10	64
3	115	7	90	11	64
4	122	8	97	12	54

qui répond à l'équation

$$y_2 = Y(1 - e^{-\beta x})$$

avec $Y = 225$, $\beta = 0,54$, comme le montre le tableau suivant :

x	y_2 calc.	y_2 obs.	x	y_2 calc.	y_2 obs.
0	0	0	4	200	195
1	94,5	95	6	216	212
2	150	150			

Cette même courbe répond également à l'équation

$$y_1 = 1 - \frac{33}{1,10 - 0,95^x} .$$

En comparant les essais d'ordre 4, on a la courbe C_4 :

x	y	x	y	x	y
1	300	5	78	9	87
2	264	6	83	10	68
3	148	7	93	11	71
4	111	8	109	12	76

dont l'équation est ·

$$y_2 = Y\left(1 - e^{-\beta x}\right)$$

avec $Y = 225$, $\beta = 0,56$.

Cette même courbe répond également à l'équation

$$y_1 = 1 - \frac{33}{1,10 - 0,95^x}$$

Tableaux XXVIII

Raul.

Groupe I.

La courbe ainsi définie :

x	y	x	y	x	y
1	295	13	156	25	127
2	268	14	165	26	153
3	261	15	135	27	148
4	321	16	123	28	123
5	302	17	147	29	132
6	360	18	142	30	137
7	296	19	147	31	145
8	236	20	137	32	137
9	218	21	131	33	146
10	212	22	109	34	151
11	161	23	143	35	123
12	118	24	124		

a pour équation

$$y_2 = Y\left(1 - e^{-\beta x}\right)$$

avec $Y = 300$, $\beta = 0,13$:

x	y_2 calc.	y_2 obs.	x	y_2 calc.	y_2 obs.
0	0	0	8	213	210
2	78	80	16	270	265
4	138	110	24	280	275
6	175	175			

Elle répond également à l'équation

$$y_1 = 1 - \frac{150}{1,25 - 0,89^x}.$$

GROUPE II.

La courbe (1) ainsi définie :

x	y	x	y	x	y
1	414	10	352	19	282
2	407	11	273	20	213
3	519	12	265	21	220
4	537	13	319	22	204
5	437	14	301	23	225
6	315	15	295	24	212
7	455	16	241	25	210
8	281	17	293		
9	356	18	243		

a pour équation

$$y_2 = Y\,(1 - e^{-\beta x})$$

avec $Y = 350$, $\beta = 0,12$:

x	y_2 calc.	y_2 obs.	x	y_2 calc.	y_2 obs.
0	0	0	8	217	220
1	38,5	40	12	267	270
2	73,50	75	16	300	305
4	135	140			

Elle vérifie également l'équation

$$y_1 = 1 - \frac{218}{1,36 - 0,962^x}.$$

GROUPE III.

La courbe C_1 ainsi définie :

x	y	x	y	x	y
1	295	11	161	21	131
2	268	12	118	22	109
3	261	13	156	23	143
4	321	14	165	24	124
5	302	15	135	25	127
6	360	16	123	26	153
7	296	17	147	27	148
8	236	18	142	28	123
9	218	19	147	29	132
10	212	20	137	30	137

répond aux deux équations

$$y_2 = (1 - e^{-\beta x})$$

avec $\Upsilon = 220$, $\beta = 0,11$;
et

$$y_1 = 1 - \frac{23}{1,01 - 0,943^x}.$$

GROUPE IV

En comparant les essais successifs d'ordre 1, on a la courbe :

x	y	x	y	x	y
1	111	6	88	11	61
2	199	7	60	12	92
3	206	8	93	13	62
4	112	9	93		
5	90	10	68		

dont l'équation est

$$y_2 = 170\,(1 - e^{-\beta x})$$

avec $\beta = 0,26$:

x	y_2 calc.	y_2 obs.	x	y_2 calc.	y_2 obs.
2	72	74	8	150	148
4	112	112	10	158	156
6	134	134	12	163	164

On pourrait également adopter la formule

$$y_1 = 1 - \frac{15}{1,02 - 0,90^x}.$$

Tableaux XXIX

Rol.

Groupe II

La courbe A définie par le tableau :

x	y	x	y	x	y
1	611	9	312	17	250
2	781	10	430	18	257
3	762	11	360	19	363
4	518	12	452	20	300
5	466	13	316	21	269
6	595	14	319	22	261
7	562	15	280	23	205
8	545	16	326	24	212

a pour équation :

$$y_2 = Y\,(1 - e^{-\beta x})$$

avec $Y = 525$ et $\beta = 0{,}11$.

Cette courbe vérifie également l'équation

$$y_1 = 1 - \frac{115}{1{,}14 - 0{,}982^x}.$$

Courbe C. Elle est ainsi définie :

x	y	x	y	x	y
1	192	10	177	19	141
2	224	11	185	20	155
3	195	12	189	21	143
4	203	13	188	22	167
5	191	14	164	23	137
6	204	15	169	24	140
7	203	16	161	25	134
8	203	17	168		
9	143	18	162		

et vérifie les deux équations

$$y_2 = Y (1 - e^{-\beta x})$$

avec $Y = 93$, $\beta = 0,065$;

et

$$y_1 = 1 - \frac{120}{1,2 - 0,96^x}.$$

GROUPE III

Nous aurons par exemple la courbe I qui, définie par le tableau suivant :

x	y	x	y	x	y
1	180	4	50	7	17
2	100	5	62	8	35
3	102	6	65		

a pour équation

$$y_2 = 150 (1 - e^{-\beta x})$$

avec $\beta = 0,54$:

x	y_2 calc.	y_2 obs.	x	y_2 calc.	y_2 obs.
0	0	0	3	121	120
1	63	62	4	133	130
2	99	100	6	141	140

Cette courbe vérifie également l'équation

$$y_1 = 1 - \frac{33}{1,1^x - 0,92^x}.$$

GROUPE IV

Nous donnerons à titre d'exemple la courbe 1 qui, définie par le tableau suivant :

x	y	x	y	x	y	x	y
1	444	4	112	7	71	10	75
2	232	5	89	8	110	11	81
3	179	6	76	9	89	12	71

a pour équation

$$y_2 = 380(1 - e^{-\beta x})$$

avec $\beta = 0,65$:

x	y_2 calc.	y_2 obs.	x	y_2 calc.	y_2 obs.
0	0	0	3	326	330
1	182	180	4	353	352
2	277	280	6	373	375

Cette même courbe vérifie également la forme

$$y_1 = 1 - \frac{12}{1.006 - 0.911^x}.$$

Les expériences qui suivent ont été exécutées sur des élèves de 3ᵉ année.

Tableaux xxx

Cap. Nist.

Lecture à la bande de ponctuation.

Dans le tableau suivant, les lignes successives 1, 2, 3, représentent, pour les dates successives, les essais d'ordre 1, d'ordre 2, d'ordre 3, tandis que les colonnes successives représentent, pour des dates successives, la suite des essais.

Nous ne donnons de ce tableau que les chiffres relatifs à trois séries du groupe I. En portant en ordonnées tous les nombres de la 1ʳᵉ ligne supposée complète, puis tous les nombres de la 2ᵉ ligne, de la 3ᵉ ligne, de la 4ᵉ ligne, etc., nous obtiendrons une nouvelle série de courbes qui devront avoir la même allure que les précédentes. Ce sera le groupe III, d'après les conventions ci-dessus.

x	y	y	y	x	y	y	y
1	272	187	117	21	112	138	130
2	281	213	157	22	165	130	112
3	312	195	147	23	150	110	114
4	317	213	148	24	163	148	102
5	264	182	138	25	206	128	124
6	264	170	156	26	150	125	122
7	264	165	136	27	133	133	104
8	260	167	134	28	160	133	112
9	223	147	130	29	186	147	110
10	178	187	136	30	177	132	103
11	238	139	137	31	208	138	112
12	202	156	140	32	156	135	115
13	199	147	131	33	164	131	120
14	173	163	123	34	140	116	103
15	166	152	114	35	143	137	108
16	212	145	119	36	131	118	110
17	188	145	123	37	120	117	102
18	186	137	121	38	153	122	105
19	180	141	126	39	149	120	108
20	217	139	116	40	119	116	104

Les totaux des y sont respectivement, pour les colonnes
1, 2, 3, 7.781 (Courbe n° 1) ; 5.767 (Courbe n° 2) ; 5.318 (Courbe
n° 3).

GROUPE 1

La courbe 1, définie par le tableau :

x	y	x	y	x	y	x	y
1	272	11	238	21	142	31	208
2	281	12	202	22	165	32	156
3	312	13	199	23	150	33	164
4	317	14	173	24	163	34	140
5	264	15	166	25	206	35	143
6	264	16	212	26	150	36	131
7	264	17	188	27	133	37	120
8	260	18	186	28	160	38	153
9	223	19	180	29	186	39	149
10	178	20	217	30	177	40	119

répond aux deux équations

$$y_2 = Y\,(1 - e^{-\beta x})$$

avec $Y = 180$, $\beta = 0{,}08$;
et

$$y_1 = 1 - \frac{104}{1{,}29 - 0{,}985^x}.$$

La courbe 2 définie par le tableau :

x	y	x	y	x	y	x	y
1	187	11	139	21	138	31	138
2	213	12	156	22	130	32	135
3	195	13	147	23	140	33	134
4	213	14	163	24	148	34	116
5	182	15	152	25	128	35	137
6	170	16	145	26	125	36	118
7	165	17	145	27	133	37	117
8	167	18	137	28	133	38	122
9	147	19	141	29	147	39	120
10	187	20	139	30	132	40	116

répond aux deux équations

$$y_2 = Y\,(1 - e^{-\mu x})$$

avec $Y = 95$, $\mu = 0,12$:
et

$$y_1 = 1 - \frac{140}{1,60 - 0,975^x}.$$

La courbe 3 définie par le tableau :

x	y	x	y	x	y	x	y
1	147	11	137	21	130	31	112
2	157	12	140	22	112	32	115
3	147	13	134	23	111	33	120
4	148	14	124	24	102	34	103
5	138	15	114	25	124	35	108
6	156	16	119	26	122	36	110
7	136	17	123	27	104	37	102
8	134	18	121	28	112	38	105
9	130	19	126	29	110	39	108
10	136	20	116	30	103	40	104

répond aux deux équations

$$y_2 = Y(1 - e^{-\beta x})$$

avec $Y = 105$, $\beta = 0,10$;

et

$$y_1 = 1 - \frac{180}{2 - 0,96^x}.$$

GROUPE III

En comparant tous les essais successifs d'ordre 1, nous avons la courbe C_1 :

x	y	x	y	x	y
1	272	5	135	9	72
2	187	6	95	10	90
3	147	7	91	11	91
4	131	8	99		

dont l'équation est

$$y_2 = 184(1 - e^{-\beta x})$$

avec $\beta = 0,51$;

on a :

x	y_2 calc.	y_2 obs.	x	y_2 calc.	y_2 obs.
0	0	0	4	160	160
1	73,6	70,75	6	175	174
2	118	120	8	181	180
3	140	140			

En comparant les essais d'ordre 2, nous avons la courbe :

x	y	x	y	x	y
1	281	5	140	9	80
2	213	6	110	10	72
3	157	7	110	11	91
4	130	8	110		

qui a pour équation

$$y_2 = 200\,(1 - e^{-\beta x})$$

avec $\beta = 0{,}38$:

x	y_2 calc.	y_2 obs.	x	y_2 calc.	y_2 obs.
0	0	0	4	156	154
1	65	66	6	178	178
2	106	108	8	190	190
3	124	125			

En comparant les essais successifs d'ordre 3, on a la courbe C_3 :

x	y	x	y	x	y
1	312	5	136	9	76
2	195	6	93	10	62
3	147	7	88	11	84
4	138	8	60		

qui a pour équation

$$y_2 = 250 \left(1 - e^{-\beta x}\right)$$

avec $\beta = 0,16$:

x	y_2 calc.	y_2 obs.	x	y_2 calc.	y_2 obs.
0	0	0	4	210	205
1	92	90	6	231	230
2	150	150	8	242	240
3	187	185			

Considérons maintenant les temps totaux successifs relatifs à chaque série d'essais. Nous avons alors la courbe :

x	y	x	y	x	y
1	7781	5	4861	9	3281
2	5767	6	4252	10	2666
3	5318	7	3925	11	2625
4	4778	8	3546		

qui a pour équation

$$y_2 = 6.200 \left(1 - e^{-\beta x}\right)$$

avec $\beta = 0,19$:

x	y_2 calc.	y_2 obs.	x	y_2 calc.	y_2 obs.
0	0	0	6	4000	4000
1	105	100	8	4750	4750
2	1900	1900	10	5000	5000
4	3250	3200			

TABLEAUX XXXI

Nist.

Lecture de bandes de lettres.

La courbe ainsi définie :

x	y	r	y	x	y
1	32	5	16	9	13
2	27	6	16	10	12
3	23	7	15		
4	20	8	14		

répond à l'équation

$$y_2 = Y\,(1 - e^{-\mu x})$$

avec $Y = 22, \beta = 0, 28$:

x	y_2 calc.	y_2 obs.	x	y_2 calc.	y_2 obs.
0	0	0	6	18	18
2	9,5	9	8	20	20
4	15	15			

Elle peut être représentée également par l'équation

$$y_1 = 1 - \frac{13}{1,333 - 0,925^x}.$$

TABLEAU XXXII

Lecture de ponctuation.

La courbe ainsi définie :

x	y	x	y	x	y
1	55	5	22	9	17
2	35	6	22	10	16
3	26	7	20	11	16
4	26	8	18		

répond aux deux équations

$$y_2 = Y \left(1 - e^{-\beta x}\right)$$

avec $Y = 42$, $\beta = 0,41$;

et

$$y_1 = 1 - \frac{13}{1,166 - 0,905^x}.$$

15. Habitude de la machine à écrire. — Rentrent dans l'étude, principalement de l'habitude visuelle, des expériences que nous avons poursuivies sur l'entraînement dans l'écriture à la machine.

Premier sujet.

TABLEAUX XXXIII

La phrase qu'il s'agissait de reproduire à la machine était : « Rira bien qui rira le dernier ». Les résultats numériques obtenus furent les suivants :

Numéro d'ordre de l'essai	Temps mis à la transcription de la phrase	Numéro d'ordre de l'essai	Temps mis à la transcription de la phrase
1	41'	4	21'
2	35'	5	26'
3	22'	6	18'

D'où l'équation

$$y_2 = Y\,(1 - e^{-\beta x})$$

avec $Y = 23$, $\beta = 0{,}51$:

x	y_2 calc.	y_2 obs.	x	y_2 calc.	y_2 obs.
0	0	0	3	18	18
1	9,2	9	4	20	20
2	14,72	14,50	5	21,25	21,5

Second sujet.

Tableau XXXIV

La phrase à transcrire étant : « A bon chat, bon rat », les résultats expérimentaux ont été les suivants :

Numéro d'ordre de l'essai	Temps mis à la transcription	Numéro d'ordre de l'essai	Temps mis à la transcription
1	61'	4	27'
2	33'	5	18'
3	25'	6	20'

La courbe peut s'interpoler par :

$$y_1 = 1 - \frac{20}{1,3333 - 0,8^x} :$$

On a, en effet, pour les temps y, aux répétitions x :

x	y calc.	y obs.	x	y calc.	y obs.
0	60,6	61	3	23	23
1	37,7	38	4	20,1	20
2	28,7	29	5	18,2	18

On a aussi :

$$y_2 = 45 \left(1 - e^{-\beta x}\right)$$

avec $\beta = 0,91$:

x	y_2 calc.	y_2 obs.	x	y_2 calc.	y_2 obs.
0	0	0	3	40	39,5
1	25,8	26	4	41,5	41,5
2	36,1	36	5	42	42

Troisième sujet.

TABLEAUX XXXV

La phrase à transcrire étant la même que précédemment, les résultats expérimentaux ont été les suivants :

Numéro d'ordre de l'essai	Temps mis à la transcription	Numéro d'ordre de l'essai	Temps mis à la transcription
1	16′	5	3′
2	10′	6	3′
3	8′	7	2′
4	5′		

On a

$$y_2 = 8\,(1 - e^{-\beta x})$$

avec $\beta = 0,37$:

x	y_2 calc.	y_2 obs.	x	y_2 calc.	y_2 obs.
0	0	0	3	5,5	5,5
1	2,48	2,50	4	6,24	6,25
2	4,24	4,25	5	6,65	6,60

Quatrième sujet.

TABLEAUX XXXVI (*fig. 23*)

Même phrase que précédemment.

Numéro d'ordre de l'essai	Temps nécessaire à la transcription	Numéro d'ordre de l'essai	Temps nécessaire à la transcription
1	176 ″	11	91 ″
2	160 ″	12	91 ″
3	150 ″	13	91 ″
4	130 ″	14	91 ″
5	115 ″	15	85 ″
6	115 ″	16	85 ″
7	110 ″	17	80 ″
8	100 ″	18	80 ″
9	95 ″	19	80 ″
10	95 ″		

On a

$$y_2 = 95 \left(1 - e^{-\beta x}\right)$$

avec $\beta = 0,16$:

x	y_2 calc	y_2 obs.	x	y_2 calc.	y_2 obs.
0	0	0	10	87	84
2	28,5	28	12	89	89
4	50	52	14	92,5	93
8	74	75			

Cinquième sujet

Tableaux XXXVII

Même phrase que précédemment :

Première expérience

Numéro d'ordre de l'essai	Temps correspondant	Numéro d'ordre de l'essai	Temps correspondant
1	200	4	132
2	150	5	130
3	132	6	126

On a

$$y_3 = 75\,(1 - e^{-\beta x})$$

avec $\beta = 0,92$:

x	y_3 calc.	y_3 obs.	x	y_3 calc.	y_3 obs.
0	0	0	3	70	70
1	45	46	4	73	73
2	63	64	5	74	74

Deuxième expérience

Numéro d'ordre de l'essai	Temps correspondant	Numéro d'ordre de l'essai	Temps correspondant
1	160	6	100
2	140	7	98
3	118	8	97
4	110	9	97
5	105		

On a

$$y_2 = 65 \left(1 - e^{-\beta x} \right)$$

avec $\beta = 0,46$:

x	y_2 calc.	y_2 obs.	x	y_2 calc.	y_2 obs.
0	0	0	4	55,25	55
1	24,05	24	5	59,5	60
2	39,65	40	6	61,3	61,5
3	49	40			

L'HABITUDE AUDITIVE

16. Lecture au son de signaux Morse. — Le récepteur de chaque élève était relié : 1° au manipulateur propre de cet élève; 2° au manipulateur de l'instructeur. Les précautions nécessaires au maintien d'un silence absolu étant prises, l'instructeur faisait entendre le son du signal à l'aide de son manipulateur et par le même coup transcrivait ce signal sur chaque récepteur; il attendait ensuite six secondes pour donner le second signal, ce temps ayant été reconnu supérieur à celui que l'élève devait mettre pour retrouver le signal et comme suffisant pour éviter la fatigue. L'élève reconnaissait le signal par une analyse qu'on lui avait appris à faire en quelques leçons et transmettait le signal sur le Morse, dès qu'il l'avait reconnu. La longueur de bande comprise entre la fin du signal envoyé par l'instructeur et le commencement du signal envoyé par l'élève marquait le temps nécessaire pour retrouver le signal. Dans les débuts, l'élève ne reconnaissait pas toujours le son à l'analyse, mais un temps supérieur à 6 secondes ne lui aurait été d'aucune utilité. Il y a lieu de remarquer qu'il pouvait se glisser des erreurs dans l'interprétation du signal, par exemple un b était pris pour un p ; cependant on a évalué le temps comme si la lettre eût été réellement reconnue, pour se conformer à notre définition de l'habitude.

GROUPE I

TABLEAU XXXVIII

Vulv.

Considérons le tableau ci-dessous :

T	e	n	i	...	a	l	Sommes relatives aux lignes
15	15	35	40	...	35	150	2.525
25	60	50	40	..	30	270	2.770
25	35	30	40	...	30	300	2.220
20	30	40	80	...	30	45	1.025
20	20	25	30	...	60	50	1.080
20	30	40	60	...	15	80	930
20	30	120	30	...	50	80	895

Le nombre 15, par exemple, contenu à la fois dans la première ligne et la première colonne signifie que le sujet a prononcé la lettre T au bout d'un temps indiqué par une bande de 15 centimètres déroulée avec une vitesse de 1m80 à la minute. Le nombre 15 situé à l'intersection de la première ligne et de la deuxième colonne signifie que le sujet a prononcé la lettre e au bout d'un temps représenté par 15 centimètres de bande. De même, la lettre n a été prononcée au bout d'un temps correspondant à 35 centimètres de bande, etc. On voit donc que la série entière T, e, n, i, r, ... a, l, a été prononcée, dans un premier essai, au bout d'un temps représenté par :

$$15 + 15 + 35 + 40 + \ldots + 150 = 2.525$$

centimètres de bande.

Cette même série, dans le 2e essai, a été prononcée dans un temps représenté par 2.770 centimètres; dans le 3e essai, dans un temps représenté par 2.720 centimètres; dans le 4e essai, dans un temps représenté par 1.025 centimètres, etc., de sorte que la courbe de l'Habitude en fonction du numéro d'ordre des essais est ainsi définie :

x	y	x	y
1	2525	5	1080
2	2770	6	930
3	2220	7	895
4	1525		

Elle a pour équation

$$y_2 = 3.000 \left(1 - e^{-\beta x}\right)$$

avec $\beta = 0.33$:

x	y_2 calc.	y_2 obs.	x	y_2 calc.	y_2 obs.
0	0	0	3	1550	1550
1	810	850	4	2200	2200
2	1410	1450	6	2580	2560

La même série de lettres a donné la courbe :

x	y	x	y	x	y
1	1220	6	810	11	670
2	895	7	820	12	520
3	825	8	630	13	515
4	780	9	595	14	530
5	775	10	705		

qui répond à l'équation :

$$y_2 = 670 \left(1 - e^{-\beta x} \right)$$

avec $\beta = 0{,}31$:

x	y_2 calc.	y_2 obs.	x	y_2 calc.	y_2 obs.
0	0	0	4	480	470
1	180	180	6	560	560
2	315	320	8	620	600

TABLEAU XXXIX

GROUPE II

Vulv.

Ce 2ᵉ groupe était ainsi constitué : m, g, z, 7, x, Ssp, T, Un, W, 3, Br, ?, ar, al, « », C, P, H.

En considérant les temps relatifs à chaque essai et nécessaires à la répétition de ce second groupe complet, on a, par exemple, le tableau suivant :

x	y	x	y	x	y
1	1568	5	1300	9	810
2	1710	6	1020	10	715
3	2100	7	1090	11	750
4	1310	8	930		

d'où l'équation

$$y_2 = 1.800\,(1 - e^{-\beta x})$$

avec $\beta = 0,236$:

x	y_2 calc.	y_2 obs.	x	y_2 calc.	y_2 obs.
0	0	0	6	1359	1360
1	378	380	8	1520	1510
2	666	670	10	1590	1600
4	1098	1100			

Avec les mêmes lettres, chiffres et signes, on a, pour une autre série d'expériences, la courbe :

x	y	x	y	x	y
1	635	5	400	9	380
2	675	6	415	10	280
3	625	7	435	11	335
4	420	8	400	12	275

qui a pour équation

$$y_2 = 500\,(1 - e^{-\beta x})$$

avec $\beta = 0,20$:

x	y_2 calc.	y_2 obs.	x	y_2 calc.	y_2 obs.
0	0	0	4	270	270
1	87,5	90	6	311	310
2	160	160	8	380	370

Une autre série d'expériences a donné pour les temps totaux nécessaires aux différentes lectures successives des mêmes lettres, chiffres et signes, la courbe :

x	y	x	y	x	y
1	360	6	250	11	195
2	315	7	240	12	215
3	315	8	250	13	200
4	235	9	225	14	180
5	255	10	235		

qui répond à l'équation

$$y_2 = 200 \left(1 - e^{-kx}\right)$$

avec $k = 0,17$:

x	y_2 calc.	y_2 obs.	x	y_2 calc.	y_2 obs.
0	0	0	4	102	102
1	32	32	6	131,4	130
2	60	60	8	150	146
3	82	82			

TABLEAU XL.

Valv.

Les lettres, chiffres et signes à reproduire étaient

$$j \quad o \quad q \quad y \quad ? \quad 8 \quad ; \quad , \quad uk.$$

La lecture de cette série complète fut représentée, au 1ᵉʳ essai, par le nombre 265; au 2ᵉ essai, par le nombre 230; au 3ᵉ essai, par le nombre 185, d'où la courbe suivante relative à une première série d'expériences :

x	y	x	y	x	y
1	265	7	170	13	115
2	230	8	105	14	130
3	185	9	105	15	115
4	180	10	115	16	125
5	165	11	105	17	120
6	135	12	110		

Elle a pour équation

$$y_2 = 160 \left(1 - e^{-\beta x}\right)$$

avec $\beta = 0{,}26$:

x	y_2 calc.	y_2 obs.	x	y_2 calc.	y_2 obs.
0	0	0	6	125	126
1	36	37	8	142	144
2	64	66	10	147,5	148
4	102	101	12	153	155

Une seconde série d'expériences donne la courbe :

x	y	x	y	x	y
1	165	7	120	13	95
2	145	8	100	14	105
3	120	9	105	15	100
4	130	10	105	16	105
5	120	11	90	17	90
6	115	12	105	18	95

qui a pour équation

$$y_2 = 75(1 - e^{-\beta x})$$

avec $\beta = 0,27$:

x	y_2 calc.	y_2 obs.	x	y_2 calc.	y_2 obs.
0	0	0	6	58	58
1	18	19	8	66	65
2	32	31	10	68	68
4	49,5	50			

Nous avons, dans une troisième, puis dans une quatrième
expérience, les courbes ainsi définies :

3ᵉ expérience				4ᵉ expérience			
x	y	x	y	x	y	x	y
1	101	11	65	1	93	11	70
2	93	12	78	2	88	12	70
3	91	13	76	3	67	13	71
4	91	14	79	4	91	14	75
5	93	15	73	5	86	15	61
6	88	16	62	6	67	16	61
7	87	17	65	7	81	17	59
8	61	18	70	8	62	18	62
9	61	19	67	9	69	19	38
10	75	20	52	10	72	20	47

Ces quatre expériences ayant été faites à intervalles de temps égaux, les résultats relatifs au même numéro d'ordre sont comparables.

C'est ainsi que, si nous comparons les résultats relatifs au premier essai de chaque expérience, nous avons les valeurs :

$$265 \qquad 115 \qquad 101 \qquad 93$$

qui sont encore des ordonnées relatives à une courbe de la forme

$$y_2 = \mathrm{Y}\,(1 - e^{-\mu x}).$$

En comparant les résultats relatifs au deuxième essai de chaque expérience, on a :

$$230 \qquad 115 \qquad 93 \qquad 88$$

qui sont les ordonnées de points appartenant à une courbe de même forme. De même pour les autres numéros d'ordre.

L'HABITUDE MOTRICE

17. Manipulations de signaux Morse. — L'élève ayant sous les yeux un tableau de 25 permutations des 25 lettres de l'alphabet écrites en lettres ordinaires, envoyait successivement chaque lettre sur le récepteur en mouvement à l'aide du manipulateur. La longueur de bande correspondant à une permutation indiquait le temps nécessaire pour faire cette manipulation. On reprenait l'opération le lendemain ainsi que les jours suivants, jusqu'à ce que la vitesse de manipulation devînt à peu près constante. La même expérience peut se faire avec le tableau des 50 permutations des signaux qui restent. Le principe de la méthode est donc le même que celui que nous avons appliqué dans l'étude de l'habitude visuelle. Les courbes ont pour abscisses les numéros d'ordre des répétitions de la manipulation de 25 ou 50 permutations de signes Morse; pour ordonnées, les temps mis à manipuler le récepteur. Ces temps sont évalués en centimètres de bande se déroulant régulièrement.

TABLEAUX XLI

GROUPE I

Expériences de Vulr.

La première série d'essais a donné la courbe :

x	y	x	y	x	y	x	y
1	112	14	79	27	71	40	66
2	127	15	85	28	73	41	73
3	92	16	80	29	72	42	69
4	88	17	71	30	72	43	68
5	92	18	76	31	83	44	65
6	81	19	79	32	77	45	68
7	82	20	81	33	80	46	72
8	79	21	83	34	75	47	58
9	87	22	82	35	70	48	62
10	81	23	71	36	70	49	66
11	91	24	77	37	76	50	62
12	79	25	76	38	78		
13	80	26	75	39	72		

qui répond à l'équation

$$y_2 = 55\,(1 - e^{-\beta x})$$

avec $\beta = 0,22$:

x	y_2 calc.	y_2 obs.	x	y_2 calc.	y_2 obs.
0	0	0	8	45,3	42
2	30	32,5	12	47	45
4	33	35	16	50	52
6	40,5	39			

GROUPE III

En considérant la suite des essais d'ordre 1, on a la courbe :

x	y	x	y
1	112	5	79
2	118	6	70
3	95	7	61
4	76		

qui répond à l'équation

$$y_2 = 70 \left(1 - e^{-\beta x}\right)$$

avec $\beta = 0,33$:

x	y_2 calc.	y_2 obs.	x	y_2 calc.	y_2 obs.
0	0	0	3	43,5	44
1	19,6	20	4	50	50
2	33,6	34	6	61	62

TABLEAUX XLII

Vulv.

(Manipulation de ponctuation. — Permutations de 50 signaux)

GROUPE I

Nous avons, par exemple, la courbe :

x	y	x	y	x	y
1	211	11	180	21	180
2	210	12	174	22	170
3	181	13	181	23	158
4	180	14	170	24	156
5	176	15	158	25	164
6	178	16	163	26	150
7	180	17	158	27	158
8	186	18	158	28	154
9	179	19	173	29	142
10	179	20	175	30	155

qui a pour équation

$$y_2 = 82\,(1 - e^{-\beta x})$$

avec $\beta = 0{,}33$:

x	y_2 calc.	y_2 obs.	x	y_2 calc.	y_2 obs.
0	0	0	8	73	75
1	22,96	23	12	75	76
2	40	42	14	76	77
4	60	60	20	78	78

GROUPE IV

En considérant les essais successifs d'ordre 1, on a la courbe :

x	y	x	y	x	y
1	241	4	128	7	108
2	164	5	122	8	114
3	128	6	113		

qui répond à l'équation

$$y_2 = 132 (1 - e^{-\beta x})$$

avec $\beta = 0,75$:

x	y_2 calc.	y_2 obs.	x	y_2 calc.	y_2 obs.
0	0	0	3	114	115
1	69,9	70	4	116	118
2	103	101	6	125	126

En considérant la suite des essais d'ordre 4, nous avons la courbe :

x	y	x	y	x	y
1	180	4	128	7	117
2	169	5	128	8	113
3	137	6	116		

qui répond à l'équation

$$y_2 = 80 (1 - e^{-\beta x})$$

avec $\beta = 0,36$:

x	y_2 calc.	y_2 obs.	x	y_2 calc.	y_2 obs.
0	0	0	3	52	51
1	24	25	4	60	58
2	40	40	6	65	65

18. L'entraînement pour le démontage et le remontage des pneus d'automobiles. — Rentre dans l'étude de la mémoire motrice l'expérience suivante que nous avons faite, il y a quatre ans, sur l'entraînement pour le démontage et le remontage d'un pneumatique de voiture automobile.

Le pneumatique ayant 900 % de diamètre et 90 % d'épaisseur, les opérations à effectuer étaient les suivantes :

Démontage

1° Dévisser les écrous à oreilles et la valve.

2° Extraire un des talons de l'enveloppe de la jante (opération faite au moyen d'un levier).

3° Extraire la chambre à air.

4° Enlever les pinces.

5° Extraire le dernier talon de l'enveloppe.

Remontage

1° Mettre un des talons de l'enveloppe dans la jante.

2° Mettre la valve dans la jante.

3° Mettre les pinces.

4° Remettre la chambre dans l'enveloppe.

5° Talquer la chambre et la mettre en forme (opération qui consiste à jeter un peu de talc sur la chambre et à la gonfler un peu pour s'assurer qu'il n'y a pas de plis avant de monter le second talon).

6° Faire pénétrer dans la jante le second talon.

7° S'assurer que les pinces jouent bien dans la jante.

8° Gonfler la chambre à air de 40 coups de pompe.

9° Mettre les rondelles de caoutchouc et la rondelle de cuivre. Visser les écrous à oreilles (au nombre de 4) ainsi que les écrous de la valve.

Les résultats expérimentaux sont dans le tableau ci-dessous :

TABLEAUX XLIII (*fig.* 27).

Numéro d'ordre de l'essai	Temps	Numéro d'ordre de l'essai	Temps	Numéro d'ordre de l'essai	Temps
1	17'	6	11'	11	5'15
2	14'	7	8'	12	5'15
3	12'3	8	7'30	13	5'15
4	10'	9	6'30		
5	10'	10	6'25		

On a

$$y_2 = 12(1 - e^{-\beta x})$$

avec $\beta = 0,23$:

x	y_2 calc.	y_2 obs.	x	y_2 calc.	y_2 obs.
0	0	0	4	7,2	7,25
1	2,50	3	6	9	8,90
2	4,44	4,50	8	10,08	10,10
3	6	6	10	11	11

19. L'habitude chez les animaux. — Nous empruntons les éléments des deux courbes qui suivent au livre de M. H. PIÉRON, *L'Évolution de la mémoire.*

Le moineau (PORTER).

(H. PIÉRON, p. 167.)

La nourriture de l'oiseau étant contenue dans une cage fermée par un système particulier, on note, à chaque essai du moineau, le temps nécessaire à l'ouverture de la cage.

TABLEAUX XLIV

Numéro d'ordre de l'essai	Temps	Numéro d'ordre de l'essai	Temps	Numéro d'ordre de l'essai	Temps
1	650′	11	10′	21	15′
2	600′	12	60′	22	15′
3	360′	13	65′	23	10′
4	120′	14	10	24	5′
5	60′	15	10	25	4′
6	180′	16	8′	26	5′
7	60′	17	6′	27	15′
8	45′	18	2	28	2′
9	120′	19	140′	29	2′
10	60′	20	15′	30	2′

La courbe répond à l'équation

$$y_2 = 900 (1 - e^{-\beta x})$$

avec $\beta = 0,44$:

x	y_2 calc.	y_2 obs.	x	y_2 calc.	y_2 obs.
0	0	0	4	900	900
1	324	320	8	854	840
2	531	530			

Les x sont des répétitions.

Le rat blanc (SMALL et WATSON).

(H. PIÉRON, p. 173.)

Le rat devait traverser un labyrinthe : on notait à chaque répétition le temps nécessaire à la traversée.

TABLEAU XLV

Numéro d'ordre de l'essai	Temps	Numéro d'ordre de l'essai	Temps	Numéro d'ordre de l'essai	Temps
1	100	4	7,5	7	5
2	30	5	12,5	8	8
3	12,5	6	22	9	13

La courbe répond à l'équation

$$y_2 = 95\,(1 - e^{-\beta x})$$

avec $\beta = 1,3$.

On retrouve sur le singe (KINNEMAN), soit qu'il s'agisse de labyrinthe à traverser ou de boîte à ouvrir, des courbes de même forme.

L'écrevisse (YERKES) [1].

Les y représentent des pourcentages de succès de sorties d'un labyrinthe et les x des numéros d'ordre de séries d'essais.

TABLEAUX XLVI

x	y	x	y
1	50	4	83,3
2	60	5	76,6
3	75,8	6	90

On trouve

$$y_2 = 50\,(1 - e^{-\lambda x})$$

avec $\lambda = 0,30$:

x	y_2 calc.	y_2 obs.
0	0	0
1	12,5	12
2	22,5	22
4	35	35
5	40	40

Ces exemples suffisent pour démontrer la généralité de la loi de l'habitude.

[1] *Harvard Psychological Studies*, tome I, pp. 565-577, 1903.

20. Justification de la loi théorique de l'habitude par des courbes intégrales. — Le tableau suivant présente les coordonnées des courbes intégrales (*fig.* 25-27) de trois courbes d'habitude prises au hasard (tableaux XV, XXXVI et XLIII), et le tableau XLVIII prouve que la loi d'établissement de ces courbes intégrales est la même que celle de la sensation.

TABLEAU XLVII

Habitude visuelle		Habitude à la machine à écrire		Habitude pour le démontage et le remontage des pneus	
x	y_2	x	y_2	x	y_2
0	0	0	0	0	0
1	200	1	15	1	2
2	450	2	30	2	5
3	1000	3	60	3	10
4	1495	4	100	4	15
5	2225	5	160	5	23
6	3000	6	230	6	30
7	3600	7	300	7	40
8	4400	8	370	8	50
9	5000	9	460	9	60
10	5700	10	540	10	70
11	6500	11	630	11	80
12	7250	12	715	12	96
13	8000	13	800		
14	8600	14	900		
15	9450	15	1000		
16	10300	16	1100		
		17	1200		

TABLEAU XLVIII

Habitude visuelle			Habitude à la machine à écrire			Habitude pour le démontage et le remontage des pneus		
x	y_3 calc.	y_3 obs.	x	y_3 calc.	y_3 obs.	x	y_3 calc.	y_3 obs.
0	0	0	0	0	0	0	0	0
2	435	450	2	29	30	2	4	4
4	1165	1495	4	98	100	4	14,5	15
6	2980	3000	6	219	230	6	30	30
8	4500	4400	8	365	370	8	49,2	50
12	7000	7100	10	540	540	10	68,8	70
16	10280	10300	12	710	715	12	92	96
			14	895	900			
			16	1100	1100			

$$y_3 = 400(1 - e^{-0.06x})^2 \qquad y_3 = 5.500(1 - e^{-0.037x})^2 \qquad y_3 = 20.000(1 - e^{-0.04x})^2$$

Vu, le 1ᵉʳ octobre 1910.

Le Doyen de la Faculté des Lettres de l'Université de Paris,

A. CROISET.

VU ET PERMIS D'IMPRIMER.

Le Vice-Recteur de l'Académie de Paris,

L. LIARD.

TABLE DES MATIÈRES

PREMIÈRE PARTIE

LE CALCUL

I

LES GÉNÉRALITÉS

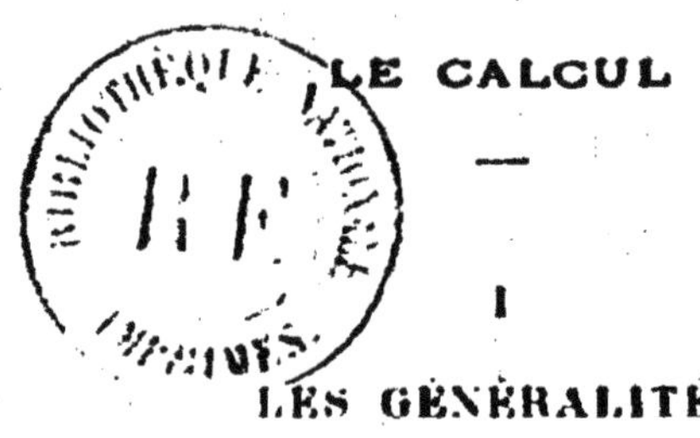

PAGES

1. Définitions 1

II

LA MÉMOIRE

2. La forme des courbes d'établissement 6
3. Interpolation par une équation psycho-physique 13
4. La mesure de l'oubli par la méthode des « économies » ... 17
5. Interpolation de la loi de l'oubli par une formule psycho-physique 18
6. Justification théorique 21
7. L'adaptation 25

III

L'HABITUDE

8. L'établissement 27
9. La perte de l'habitude 32
10. Formes supérieures de l'habitude et de l'adaptation ... 33

Conclusions 35

DEUXIÈME PARTIE

LES EXPÉRIENCES

I

LA MÉMOIRE

PAGES

11. L'établissement (Tableaux I-III)........................ 37
12. La persistance mnémonique (Tableaux IV-XI).............. 40
13. Influence de l'âge sur la mémoire immédiate (Tabl. XII-XIV). 45

II

L'HABITUDE

L'HABITUDE VISUELLE

14. Lecture de bandes de signaux Morse (Tableaux XV-XXXII)... 48
15. Habitude de la machine à écrire (Tableaux XXXIII-XXXVII).... 87

L'HABITUDE AUDITIVE

16. Lecture au son de signaux Morse (Tableaux XXXVIII-XLI).... 92

L'HABITUDE MOTRICE

17. Manipulations de signaux Morse (Tableaux XLII-XLIII)....... 102
18. L'entraînement pour le démontage et le remontage des
    pneus d'automobiles (Tableau XLIII)...................... 107
19. L'habitude chez les animaux (Tableaux XLIV-XLVI).......... 109
20. Justification de la loi théorique de l'habitude par des
    courbes intégrales (Tableaux XLVII-XLVIII)............... 112

TABLE DES FIGURES

1-6. Courbes d'établissement de la mémoire 9-10-11-12

7. Courbe d'établissement de la sensation lumineuse moyenne 14

8. Dérivée première de la courbe précédente ....: 15

9. Dérivée seconde de la courbe *(fig. 7)*...... 15

10-14. Courbes de persistance mnémonique 19-20-21

15. Courbe schématique d'évolution de la sensibilité positive en fonction du temps............................. 21

16-20. Courbes intégrales de la fonction complémentaire des courbes de persistance............ 22-23-24-25

21-22. Courbes d'établissement de l'habitude visuelle (ponctuation au télégraphe Morse) en fonction du nombre des répétitions...... 28-29

23. Courbe d'établissement de l'habitude (machine à écrire) en fonction du nombre des répétitions 30

24. Courbe d'établissement de l'habitude motrice (démontage et remontage des pneus) en fonction du nombre des répétitions............................... 31

25-27. Courbes intégrales de courbes d'habitudes...... 31-32

28. Courbes schématiques de l'évolution de la mémoire, de l'habitude et de l'adaptation............. 35

BIBLIOTHÈQUE NATIONALE

www.ingramcontent.com/pod-product-compliance
Ingram Content Group UK Ltd.
Pitfield, Milton Keynes, MK11 3LW, UK
UKHW020922140726
13695UKWH00003B/925